国家出版基金项目
NATIONAL PUBLICATION FOUNDATION

东北流亡文学史料与研究丛书·史料卷

东北流亡文学作家访谈录

周景雷

主　　编　张福贵
史料卷主编　李霄明

北方联合出版传媒(集团)股份有限公司
春风文艺出版社
·沈　阳·

图书在版编目（CIP）数据

东北流亡文学作家访谈录 / 周景雷编. —沈阳：春风文艺出版社，2021.12（2024.1重印）

（东北流亡文学史料与研究丛书）

ISBN 978-7-5313-6096-4

Ⅰ. ①东… Ⅱ. ①周… Ⅲ. ①作家—访问记—东北地区 Ⅳ. ①K825.6

中国版本图书馆CIP数据核字（2021）第275509号

北方联合出版传媒（集团）股份有限公司
春风文艺出版社出版发行
沈阳市和平区十一纬路25号　邮编：110003
河北浩润印刷有限公司印刷

责任编辑：姚宏越　　责任校对：于文慧
封面设计：马寄萍　　幅面尺寸：155mm × 230mm
字　　数：204千字　　印　　张：14.5
版　　次：2021年12月第1版　　印　　次：2024年1月第2次
书　　号：ISBN 978-7-5313-6096-4
定　　价：49.80元

目　录

访萧军

王 扶

过去，我曾读过萧军的作品和对他的批判文章，也听过关于他的一些传说，模糊中，给我留下了一个不太好的印象。但和萧军见面，这还是第一次。元旦过后不久，因工作关系，我奉命去拜访萧军。

一进院门，见一老者正在搬卸蜂窝煤。他动作之矫健，似与那满头白发很不相称。我上前问：“萧军同志住这里吗？”

老者打量了我一下，问：“您是谁？”

我说明了身份，他爽朗地笑起来：“哈哈，这回你可问到人了。我就是萧军！”

我心里有些吃惊，算起来，萧军少说也该有70岁了，可面前的人，除了那短短的白发以外，却比70岁年轻多了——那笑声，那声音，真是铮铮的。一问年纪，他果然已经71岁半了。

他把我领进了屋，这是一幢陈旧而又有点洋味的小小楼房。房间里显得较挤，但陈设尚好，因此我问：“生活过得还可以吗？”

他又哈哈大笑起来：“咳，没说的，现在我的生活比神仙还神仙呢！”

“还在写小说吗？”我问。

这时，他收敛了笑容，却十分平淡地说：“我早就和文学绝缘了。我连一点写小说的感情也没有了。就是瞎编，也要有感而编啊！

而我已经没有这种感情了。对了，我不写也不看。多年来，文艺作品我不看，就连骂我的文章我也没看过，哈哈哈哈……”说着他又大笑起来。

他那豪爽的精神感染了我，我不禁笑着说：“您倒真想得开！”

“是啊！‘文化大革命’时，群众批斗我，我总是洗好脸，穿好了衣服去上台。我常想，群众也不容易，为了批斗我，又得翻材料，又得写批判稿，还得费劲地喊啊叫的……所以，我每次都是老老实实地站着。不过，我心里有数，不管怎么批怎么斗，哪顿饭我也没少吃一口！要是想不开，至今我也不能活得这么结实啦！哈哈哈……”

我见他个子不高，但长得敦敦实实，精神奕奕。虽说是初次见面，他的爽直、豪迈中略带点“粗”气，却给我留下了很深的印象。我总觉得，在他的身上有着一种并不轻松的幽默感，他的真实情况如何呢？我试探着问他：“您现在属于哪个单位？”

“哪个单位也不属。”

“退休啦？”

“不是。”

“退职啦？”

“也不是。你奇怪吗？哈哈哈，我是个无业游民。‘文化大革命’前，我到处打‘零工’。现在嘛，反正有个地方给我发生活费——新街口街道办事处每月发给我110元生活费。”

“您目前在做什么呢？”

“我手头幸存下萧红1936年从日本寄回的四十几封信，我在注释。《新文学史料》想要发表。”

“萧红的信没有被抄走吗？”

“哈哈哈哈，怎么能不抄走呢！说来也算‘奇迹’了。因为这些信年代久远了，看起来就像些破纸，所以竟夹在一堆废报纸中还了回来。”

我想起了他和女作家萧红的关系，不觉有些感慨。果然，他似乎也有些黯然神伤，无限怀念地说："我们在患难中一起生活了6年。尽管我们性格不同，但我们是患难中的伙伴，是文学事业上的伙伴啊！萧红逝去37年了，现在的人已不了解她所处的时代了。人们对她——中国的一个有才华而短命的女作家，恐怕也要淡忘了。注释这批信是我义不容辞的事。"停了一会儿，他又说："然后，我准备就鲁迅先生给我和萧红的信写点回忆，再就毛主席给我的信写点回忆——可惜我的日记都被抄走了，扣压在街道办事处，至今要不回来。更可惜的是周总理给我的信也抄丢了……"说到这里，他的语气低沉下来："最后，我要写一部自传，给我的子孙后代留下我的自我评介。我可以说，在我那样的年龄，那样的时代，以我所有的能力，对于祖国，对于人民……凡是我能做的我全做过了——这是我的本分——因此既无遗憾，也无骄傲！做完这些工作，我也就80岁了，该死了。哈哈哈哈。"

从他的话里，我突然感到，似乎有某种难言的隐痛。我想缓和一下这种情绪，就说："听说，萧红的《生死场》和您的《八月的乡村》再版了。您没想到再给我们写点短的东西吗？"

听了我的话，他显得非常激动，站起来又坐下，连连说："谢谢，谢谢！这是我没有想到过的事。新中国成立以来，虽说我也写了两部书，可是我和作协，和文艺界，和刊物……早已断了联系，所谓'跳出三界外，不在五行中'是矣！说实话，连你们的《人民文学》我也不看。没想到，你们却还想起了我，这么寒冷的天，大老远地跑来看我……"说着，他又突然笑起来，似乎为自己的动感情有些不好意思了。他又说："我感谢你们的关怀，是真的感谢！我的儿女们也常鼓动我：粉碎了'四人帮'，爸爸应该拿起笔来创作，这是个态度问题。可是，他们怎么能理解，我是多么希望被世人所忘掉啊！我自愿做一名'退役'的老兵！"

听了他的话，我有些激动，就对他说："您差不多已被世人忘掉了。但是，不该，不应该啊！作为一个作家，难道您真的甘心'退役’吗?”

他可能听出了我的关切，使劲地搔着那头短短的白发，用逐渐高起来的声调说：“我这个人太爱直言，看到什么就忍不住想说，一说就惹麻烦，也讨人嫌。我并不像青年人那样想出名了，什么我都经过了——我的名字香也香过了，臭也臭过了。我只求人们都把我忘记了，让我在这个‘蜗蜗居’[①]里安安静静地生活——做神仙！哈哈……”他笑得呛了，咳嗽起来。

整晚上的谈话，充满了他那豪爽的笑声。直至告别了他，那朗朗的笑声仍在我耳边萦回，我却笑不出来。我总觉得那笑声里隐隐透出一股酸楚。

萧军是一位老作家了。1934年起，他就在鲁迅先生的指导下，从事左翼文学活动。1935年，他出版了第一部长篇小说《八月的乡村》。鲁迅先生为其亲自作序，写道：

> ……严肃，紧张，作者的心血和失去的天空，土地，受难的人民，以至失去的茂草、高粱……搅成一团，鲜红的在读者眼前展开，显示着中国的一份和全部，现在和未来，死路与活路。凡有人心的读者，是看得完的，而且有所得的。
>
> “要征服中国民族，必须征服中国民族的心！”但这书却于“心的征服”有碍……这书当然不容于满洲帝国，但我看也因此当然不容于中华民国……

果然，自书出版后，萧军受到了许多攻击和迫害。可是他并没被吓倒，反而更勇敢地战斗下去。后来他又出版了长篇小说《第三代》。现在，他的作品加起来也有一两百万字了。时至今日，他的唯一愿望是希望被世人忘掉！如果在他的生活道路上，没有经过巨大的

---

① 萧军给自己的工作斗室挂了一块牌子，题名“蜗蜗居”。

创痛与磨难，一个从青年时期就走上文学道路的久经沧桑的作家，何以发此哀绝的心言？

尤其是萧军这么个人！

我记起（20世纪）30年代，他曾对鲁迅先生讲要克服自己的“野气”，鲁迅先生回复他不必故意改掉“野气”。当年，张春桥和马吉蜂在上海办小报时写文章骂他，他根本不想与之纸上论战，而对张、马二人饱以老拳，直打得张、马再不敢写文章骂他了。他也曾说过，自己是“行武”出身，自幼爱的是“武学”，称自己是“匹夫”型的人。甚至1949年《关于萧军问题的决定》中，也说他是“才子加流氓”一型的人物。

我想，像这种类型的人，往往是不甘于向命运低头的。

早在1942年，萧军在延安就受到过批判。但1946年《八月的乡村》再版时，他在序言中写道：“我活着，还要好好工作下去……”1948年，萧军在东北再一次受到严厉的批判。但他也没有想到投笔“退役”。他到矿山去劳动，又写了长篇小说《五月的矿山》和《过去的年代》。对于这些小说的内容，姑且不去评价，但写作本身，说明了一个作家，绝不会轻易抛弃文学事业、抛弃读者而隐遁起来的。但在今天，是什么使萧军似乎看破红尘，如此消沉超然呢？最大的原因恐怕是“四人帮”对他的残酷迫害吧！他和他的家人惨遭迫害的情景，他一字都未向我讲，也许他再不愿去触动这些伤疤吧。

还是几天以后，他女儿给我讲了个大概：

从1966年他被作为“老牌反党分子，老牌反动作家”揪出，抄家、毒打、关押、劳改、批斗、示众……历8年之久。1974年虽被宣布“解放”，但至今既没有给他做任何正式的结论，也没有给他“身份证”。街道扣压的日记，强占的住房都没有还。被抄去的全部文稿、资料、书籍、文物、字画、碑帖、家具等绝大部分没有找回来。

家属受其株连更是惨不忍述。

其妻王德芬，因是“反动作家的老婆”，被抓去批斗、毒打、专政、劳改……

大女儿萧歌被工厂开除，露宿街头两个多月，偷着打零工为生（因为不许她找工作）达五年之久。

大儿子萧鸣脊椎被打裂，昏死时被送到火葬场，几乎火化掉。

二女儿萧耘，原是小学教师。1972年冬被罚站于寒风中，每天像动物一样向2000多名学生展览，达三个月之久。至今不许上班，不发工资，不准结婚（不给开结婚证明，已35岁）。

小女儿萧黛，生性要强，最后被逼斗精神错乱，17岁即去世。临死时高喊着：我要入团啊！在她短短的一生中，没能入团，成为她终身最大的憾事。

其他子女也都因“反动子女”罪名，受到不同程度的迫害。

作为“匹夫”和硬汉子的萧军，一向是宁折不弯的，如何能在这非人的迫害面前忍气吞声呢？请看他在一份有关北京文庙大毒打的材料中写道：

> “打!!!”……于是一片抽打声、喊骂声……交混地响在一起，震荡着整个文庙大院浓烟滚滚的天空……这时候，我的心开始矛盾了：——是反抗吗，还是忍受呢？……
>
> 如果我拼出这条性命来，以我当时的体力，以我的“武艺”和实战经验，随便夺过一件武器来，我有把握完全可以把他们十个八个……致于死命的。由于寡不敌众，当然，我最后也会被他们打死，同时我们这同难的二十几个人①也要被拐带同归于尽。我也想到被打死后，我的生活费就没有了，孩子们将怎样生活？……想到这里，我只能咬牙忍受……

---

① 这次被打的还有：赵鼎新、张梦庚、荀慧生、白云生、侯喜瑞、老舍、骆宾基、方华、曾伯融、张增华、王诚可、王松生、苏辛群、宋海波、顾柏森等。老舍先生就是这次被打后自杀的。

“四人帮”想把萧军置于死地，但他活下来了，可是他的精神远远没有彻底解放。因为，直到今天，萧军的问题并没有得到解决，这是不利于安定团结的，也是不利于调动一切积极因素的。

过去，我并不认识萧军，也从未和他联系过，这是第一次见面。但作为一个普通的文学编辑，我的心情是复杂而沉重的。

由于多年做文学编辑工作，对中国的作家我有着较深的关切。应该说，萧军是中国20世纪30年代的左翼作家之一，为我国的进步文学事业做过一定的贡献。他的《八月的乡村》曾被国外译成俄、英、日、德等文，连印度友人也翻译了它。可见萧军在国际上也是个有一定影响的作家。尽管他犯过这样或那样的错误，几十年来，他是在党领导下的解放区和社会主义中国生活的，萧军原姓刘，萧红原姓张，他们的笔名联起来取“小小红军”之意。这也说明了他们的政治态度吧。萧军也是爱国的。当香港再版了《八月的乡村》后，有不少港报的编辑记者打听他的地址，想要访问他，他都拒绝接见。对于这样一位作家的功与过，应该给予实事求是的评价。我没有重新翻阅过去对萧军的批判文章，从《中国现代文学史》[1]上的一节综述来看，我以为，萧军当年所犯的错误应属于思想意识方面的。而他有些被批判的观点，如：党的统一战线必须团结百分之九十九点九的知识分子；鼓励青年人做一个“强者”，以及他对苏联的某些“攻击”等，今天如果再来分析一下，并不都是错的。而因一些思想上的错误，从此把萧军排出了文学队伍。我想，如果鲁迅先生在天有灵的话，也绝不会同意的。

“四人帮”对他的迫害更是变本加厉。用萧军自己的话说：“……它们不独伤害到我的身，而且重重伤害到我的心，伤害到我的灵魂！不仅伤害到我自己，也还伤害到我的子女、亲人和亲友……作为一个

---

① 由山东大学等编著的史料，1978年4月内部出版。

作家来说，也伤害到这个作家千千万万读者的心！”

是的，问题不在于已经发生的事，而在于今天我们怎样来对待这些发生的问题。1957年划的“右派”都摘掉了帽子，为我们党的事业增添了一大批力量。难道1948年批判的萧军就不能解放吗？这不仅仅是一个萧军的问题，而是党的政策能否认真落实的问题。

我相信，今天，也只有在粉碎了“四人帮”后的今天，像萧军这一类老作家，他们的功与过，才能予以正确的评说。

愿这些老作家，早日卸掉精神上的枷锁，再一次拿起笔来，为我们的新时代唱出最美的歌！

“死别已吞声，生离常恻恻！”

“我活着，还要好好工作下去——”

这是萧军的诺言，愿他能按照自己的话去做，在有限的余年里，为祖国，为人民，继续尽自己的力量。

这次见面，萧军并未向我诉苦，以上所写，也绝非代萧军起诉，只不过是一个普通编辑的杂感。希望供有关同志参考。

载《中国出版》1979年第4期

两本有纪念意义的书

——1981年元旦访萧军

唐天然

1981年元旦，我带着一件特殊的礼品，去登门向萧军同志祝贺新年。

在这前一周的一天，我去人民文学出版社资料室借阅图书。承原先熟识的一位同志见告，他们收藏着一本很有纪念意义的书——鲁迅先生赠给萧军同志的《海上述林》上卷。我随即请他取出了原书，以一睹为快。

这是一本精装的纪念本上卷《海上述林》。装订极为精美，皮脊、书名及书之上顶均烫金，有纸套。打开扉页，那上面有着萧军同志刚劲的字迹，那是1936年10月他写下的一段题词：

先生：

我为要纪念你亲手编成的这本书，又亲手赠给了我，我要读它，我要继承你的战斗的精神，和你的敌人！

一九三六、十、卅日

从坟上归来的夜

田军

我带去的便是这样一件礼品。

下午4点钟，到达萧军同志的家时，他陪同香港中文大学两位研究萧红著作的远道客人外出了。归来时，已是华灯初放。坐定以后，萧军同志告诉我，接到了我的信，非常高兴。接着他就从书套中取出了那本优美精致的《海上述林》，打开扉页，朗读着他当年的题词。他兴奋地说："是的，这是我的字，是我写的，完全是我的笔迹。"随着，他便回忆起往事，说："这是鲁迅先生亲手赠给我的，具体的日子记不清了，总是在他临终前不久（据查有关资料，1936年10月中旬，萧军同志从山东回到上海。14日下午，与黄源同访鲁迅，赠书可能就在这一天）。但有一点我还记得。这部书送到日本印的，精装本有两种，一种是皮脊纪念本，只印了100套。另有一种是蓝色绒面本。鲁迅先生原先送给蓝绒面的，我不要，说要皮脊的。先生就改送了这一本给我。"

我们谈话时，来访在座的，还有两位客人。萧军同志对着那两位客人和我说，鲁迅为了纪念秋白同志，在他生命的最后一年里，几乎把所有的精力，都用来编校这一部书了。鲁迅先生曾经说过，为了不让稿纸被风吹动，只好关上窗。由于室内闷热，身上生了很多痱子。萧军同志还记起与编校《海上述林》有关的一件小事。"当时，我们见鲁迅先生编校很忙，就问有什么事情可以帮着做一点，鲁迅先生原先说没有，后来因为我们再三要求，就拿出署名肖参的秋白同志的译作《高尔基短篇小说集》，让我们圈点，以备付排。萧红说：'这有何难?'她便抢了去，一天就画完，交给先生了。鲁迅逝世以后，许广平同志告诉我们，先生又全部重新画过。并且感叹地说：'唉，这些青年人，没有事情，要事情做，给了事情，又不认真去做。'后来，这件事一直使我们很不安，暗自下定决心，要改掉浮躁草率的坏习气。"

我告诉萧军同志，这本书现在藏于人民文学出版社资料室。他们是很久以前，从旧书肆里购得的。于是，我向他问起这本书怎么会流落坊间的。萧军同志稍加思索，说："在上海时，我住在沙义赛路190

号，和一位当律师的朋友唐豪住在一起，在他家的后楼。抗日战争爆发，1937年我离开上海时，把一部分存书、日记、笔记本、资料，放在一只箱子里，存放到唐豪那里。后来唐豪也离开上海了。重新见面时，他告诉我，箱子被别人撬开，书被盗走了，只剩下萧红的一捆信。这本书，就是在那个时候损失的。”萧军同志抚摸着手中的书，感叹地说：“几十年了，想象不到，今天又看到了，真是无限感慨啊！现在它经过一番旅行，落到了人民文学出版社，这倒不错，那是个好地方，就让它继续收藏在那里吧！”

谈话中，我又把话题转到了书中的题词上。萧军同志说：“这几句话，表示了我当时的一种感情。在鲁迅先生的葬仪上，我曾经代表‘治丧办事处’和《译文》《作家》《中流》《文季》四家杂志社的同人，作了简短致辞。记得我曾说：‘鲁迅先生不想死，不要死，也不到死的年龄，但他死了。’群众立刻回答：‘鲁迅先生没有死！’最后，我还说了这样的话：

先生：你的死是一把刀——一把饥饿的刀！
　　深深地插进了我们的胸槽；
　　我们要用自己的和敌人的血，
　　将它喂饱。

（这段话经查《鲁迅先生纪念集》，萧军同志在悼念鲁迅的文章里也曾引用。）

萧军同志接着说：“这是在表示要和敌人决斗。我要以鲁迅的敌人为敌人。那敌人就是帝国主义和国民党！但是，那时却有人说，鲁迅只和帝国主义斗争，而不和国民党战斗！我还在一个刊物上写了文章进行辩论。”

这时，我记起曾经在1938年1月出版的《七月》杂志上，读到过萧军同志纪念鲁迅逝世周年的文章。那里面这样写着：

在上海的时候，每到一个周月，无论风雨，我们总是要到他的墓地去看看的，从不肯间断。有时候因为买花不方便，便到墓地附近，寻找些野蒿野花来替代。

便把这一段文字告诉萧军同志。他说："是的，那时候，我们常常到先生的坟上去，总想看一看。这书上的题词，就是在10月22日先生安葬以后一周，第一次从墓地探望回来，夜里写下的。"

继续叙谈了一阵以后，话题便逐渐转到萧军同志的作品的再版上。在座的客人和我都说，在公审"四人帮"的时刻，今天再版了这部小说，虽说是巧合，却有着现实的战斗意义。这也是对罪大恶极的反革命分子张春桥的一个批判。这时，萧军同志面对女主人，问："还存有一本吧？"又对我说："我送你一本，作为答谢。"他站起身来，又说："我去给您写几个字。"不一会儿，他就把亲手题签了的新版《八月的乡村》送到了我的手里。夜幕已经完全降临了，于是我起身告辞。握别出来，我走在北海附近的道路上，寒风扑面，天气很冷。但举目望去，灯火闪烁，欢乐的人们还在北海的冰场上飞驰。我一边走着，一边想起腋下的两本很有纪念意义的书——鲁迅先生亲手编辑并亲自赠给萧军同志的秋白烈士的遗文，和鲁迅先生为之作序，并曾撰文批驳过攻击此书的狄克（张春桥）的萧军同志的作品（现在又经作者赠给了我），心情是很激动的。战斗的精神鼓舞着我。是的，为了"四化"建设，我们还需要继承鲁迅先生的战斗精神。

1981年1月访问归来

载《新文学史料》1981年第3期

萧军同志谈创作（录音整理稿）

吉大中文系现代文学教研室

[编者按]

1980年9月至1982年5月，吉大中文系现代文学教研室的同志们曾就萧军的创作问题多次访问萧军同志，为1983年5月召开的萧军创作学术讨论会做了准备。根据几次访问的录音，我们整理成《萧军同志谈创作》。现将萧军同志审阅过的全文发表如下，供研究者参考。

一、关于创作道路

问：请您谈谈您的创作道路、经验……

答：首先，我为人做事，写文章有四条原则：一、求得祖国的独立。二、求得民族的解放。三、为人民的彻底翻身。四、建立一个没有人剥削人、人压迫人的社会制度。

这就是我人生、创作的总方向、总目标。

正是基于此，我不是为文学而文学的，也不神秘化，我把文艺当作表现自己思想、感情的工具。

作品只求当时有用，过后，朽与不朽，我就不管了。人民需要它就存在。人民不需要它就消失。这不是由个人主观愿望所能决定的，所以我是把《八月的乡村》当成政治宣传品来写的。有一个战斗着的读者，读到它，我便什么全满足了。这是我一贯的倾向。有些人不如此想，我也不妄加厚非。总之，作品朽与不朽，是由人民决定的，我自己不在这上做过多考虑。

比如唐诗是诗的海洋，李白、杜甫之千古不朽，是由人民选择的。又如看戏，有的扛行李连夜去等票，这不能靠行政命令。

小说、戏剧，这里要有艺术，是否艺术品？是艺术，人民才欣赏、爱读。不是艺术品，人民就不要。

问： 您是怎样走上文学道路的？

答： 我当作家是很偶然的，是一种偶然的关系，把我推到文学旋涡中来。我也没什么渊源，家里也不是书香门第。当然，我个人对文学的学习也是刻苦的。这是我的主观条件吧。

问： 您在写作上有什么方法？

答： 我没有什么成熟的作品，也不是非干文学不行，干别的也行。我的作品没有成熟的东西，我要怎么写就怎么写，写到什么程度就是什么程度。没有清规戒律，没有固定程序。

问： 您喜欢读什么书？

答： 很杂。我喜欢中国旧小说。还有《史记》的《刺客列传》以及《响马传》。对我印象较深的是父亲在酒后，一方面指责我不成器，一方面常拿《国事悲》《英雄泪》教育我。前者是写波兰亡国的故事，后者是写朝鲜民族英雄安重根的。这两本书对我影响较大。我小时住长春头道沟，日本人趾高气扬，日本小孩儿常和中国小孩儿打架，欺侮中国孩子，这些都培养我的民族意识，仇恨日本军国主义。还有，我12岁时，在长春参加过游行示威，戴着大草帽，拿着小旗，抵制日货。那大概是五四运动吧，波及东北城镇。这些都对我有所影响。

问： 您性格上倔强、好斗，这一方面，您怎么认识？

答： 我爱好武术，10岁就开始练武。准备要处置贪官污吏、土豪恶霸，路见不平，拔刀相助。一直到现在老了，有涵养一些了，表面上很温和，实际上禀性难移，没碰见不平事，要碰上了还可能动武，不计后果。不久以前有个流氓欺侮我的老朋友骆宾基，我还是堵门骂了他三通，那小子才老实了。

不过，我绝不与妇女斗，也不与弱者斗，专打强者。不怕死，也压不垮。英雄和圣者不一样，圣者是完人，英雄型人物身上还可能有许多缺点。我不想美化自己，要敢于正视自己。

问：您写作上有什么习惯、特点？

答：我没什么习惯，也不懂得灵感，想好了，一写就差不多了。过多的改动，我也没那个心思。

问：请您谈谈理论批评方面的想法。

答：理论家很重要，他能把作家未意识到的东西发掘出来，做理论家也不容易。但是理论家可以分析得头头是道，自己不一定能写。正像语法老师，也不一定写出好文章。我从来认为作品产生理论批评，而不是批评产生作品。

我的作品没有批评家认真批评过，只有朱光潜先生编的《文学》（1937年）有常风先生一篇不长的文章，批评《第三代》。现在对我开展的研究批评，我只求实事求是，不要拔高。

问：请您再谈谈对文艺界团结搞“四化”的希望。

答：我在《文艺报》上写过一篇文章叫《一瓣“新”香》，希望大家眼光放远，心胸放宽。不要把能团结过来的人都挤掉了。过去在《文化报》我也说过要团结百分之九十九点九；有人说团结百分之八十。可是，那二十给谁呢？刘芝明同志说：“萧军，你文章写得好，思想成问题。”我说：“什么问题，难道因为提倡多团结人吗？”还是用我的《一瓣“新”香》的话来表明我自己的愿望吧！

“我作为中国共产党50多年的老群众，敢说为了它好，为了它更完善，总是‘知无不言，言无不尽’的，尽管我遭到若干年的误解，但这算不了什么。我今天仍然是如此，一直到我的终生也如此……”

二、关于《跋涉》

问： 请您谈谈《跋涉》中的作品。

答： 谈哪篇，你提出来，泛谈没法谈。

问：《桃色的线》是有您的生活的吧？

答： 对。

问：《桃色的线》《烛心》的写作时间都是1932年、1933年吧？

答： 都是1932年。

问： 是在《国际协报》上发表的吗？

答： 哎。

问： 听说《跋涉》出来以后，社会的反响，报纸上好像有广告。(答：有）介绍《跋涉》的也有，有一个人好像说过《跋涉》一开始卖的时候也是秘密的，没卖几天就禁止了，他们就说当火烧了，当引火纸了。

答： 那是让警察查禁以后吧？后来都是朋友们三本五本的卖给书坊。

问： 作品《疯人》我觉得在写作风格上很有浪漫主义。

答： 写的什么现在我都分不清了。

问： 就是写一个疯子，反抗旧社会，有些个激情的反抗的呼喊。

答： 这是无政府主义的。

问： 无政府主义这也得算反抗。还有几个疯子是被生活压扁了的那种疯子，眼神都不一样，所以这里的构思还是挺有特点的。

答： 旁人他可以把自个儿的作品拿来叫卖，写得可以说也很完整。我不行，等我写完之后，我想也没有想过。疯人在什么背景下写的，这是没法说清。

问： 作品总的反抗性是很强的，是写的下等受苦人，写的精神受压迫的，那个主要疯子实际上还有文化。

答：“疯子”，他也不是疯子。

问：就是一个反抗者。您谈谈《这是常有的事》吧……

答：那篇《常有的事》，写两个劈木柴的老人。早先不是这个题目，而是另外有一个《这不是常有的事》。这样一个题目改了呢，意义就不同了。这不是常有的事，那就是说这两个劳动者感谢主人请他们吃饭，这是很特殊很例外的，重点不在劳动者身上。现在改成《这是常有的事》，腿被砍了，说明劳动人民的坚强性，不乐于诉苦。另外，在写作的时候，我一贯是不动声色地把事实摆出来，当然也有他的立场，也有他的观点（这就是创作方法问题，完全让作品形象说话）。所以，女主人很同情，很热情，而男主人没有什么感情，也没有什么表示。主要是表示劳动人民数钱，一数，不对啊，不应该不扣他们的面包钱。后来他们又回来了，女主人说：“怎么回事啊？”说是“你是不是算错账啦？”女主人说：“我没算错账。”“面包钱你还没扣呢。”女主人说：“这是我们送你们的。”老头说：“这不是常有的事。”这是一个主题。另外，作者站在客观立场上，写砍脚这是常有的事情，头一个是个侥幸的心情，感激的心情，后者是常有的事。处处显示劳动人民美好的品质。虽然穷，但是我绝不图财，多占你的，所以，多了，我给你送回来。

问：《烛心》和《桃色的线》您还有啥补充的？

答：《桃色的线》嘛，是说明两个青年人贫穷。一些人总被贫穷压倒了一些，一些人是没关系，想办法。悲观主义者和乐观主义者……这是表现我和林朗的一段生活（林朗原型就是方未艾）。

问：《孤雏》也很动人的。

答：总而言之，我写任何东西，没有什么程度，要怎么写就怎么写，我感觉到不像个小说，不像个小说就不像个小说。所以，我对《跋涉》这个集子没有什么过高的估计。如有一点好处，就是热情。

问：另外几篇作品就题材来说，都是写下等受苦人，就思想来说，都有反抗精神，看出来你当时的世界观、创作特点。

答：基调是一贯的。一贯是反抗的，不管用什么形式，不管反抗的正确不正确，但是反抗的。一个就是同情被侮辱被损害的下层人，可是，这不单是消极的同情，就是给以反抗的。

问：这几篇作品在报上都发了没有?

答：发了。有检查制度，但不是很严。《下等人》是在《大同报》上发表的，当时的题目是“证据”，特务汉奸想找证据。后来，《大同报》考虑“证据”有问题（《大同报》是“满洲国”的机关报，在长春），有的编辑因为发表进步作品辞职。陈华已经死了，他说，别人吃不掉的东西都给我，沙子太多，我也咽不下。

陈华是《大同报》“民报”编辑，我在“民报”时就投稿，想出一个特刊，为了鱼目混珠。把这个消息与地下党员讲了，他们在那儿写稿，我写的不多（二文一千字）。白朗写得多些，萧红也写得多些。稿子由我集中起来，寄给陈华。出到23期（其实21期），有一篇《路》，描写日本兵下乡“剿匪”时，调戏妇女。陈华说，赶快把东西打扫一下，日本兵要来检查，我这个编辑也完了。刊物就这样结束了。

那个时候没有这个那个，只要抗日就行了，广泛的最大团结。陈华与国民党有什么关系，我也不管那个，抗日就行呗。我那时比较年岁大一些了（我24岁），有些时候比他有主意些，有些时候他来找我出主意。在可能范围以内，起了一定作用，后来待不下去了，他们就是左翼。那时方未艾等人走了……白朗接办了《文艺副刊》。那时我写了《日曜日》，具体写什么我记不得了。萧红也写了一篇。我署名是“钱利欲”。

问：《文艺副刊》是在哪儿办的?

答：《国际协报》。这是一个小集团，成员嘛，有我、萧红、白朗、也夫、金剑啸、金人……都是二十几岁的青年，又办了一个《花卉》，又办了一个什么《先人之刊》。那时我国的情况是日本帝国主义极力巩固政权，对肃清文化还没有余暇，后来就不行了。

三、在青岛、《八月的乡村》

问：您到青岛编《晨报》时作品多不多？

答：那是编文艺副刊，我把旧稿子改动一下发表了（小报纸）。

问：在青岛没待上一年，是吧？

答：没有，6月到了青岛，11月离开。由于办报纸的是党的外围同志，当时青岛党本身遭破坏，外围也经受压力很大，青岛有个荒岛事件。

问：《八月的乡村》是你在上“大连丸”时带着的，没写完，在青岛完成的，对吗？

答：是的，在青岛完成。萧红在那里完成了《生死场》。这是青岛的收获。第一次在青岛。第二次到青岛去，就是萧红上日本去的时候。《水灵山岛》就是在那里写的。我从出生以来，就那两个月的生活过得最舒服。一天什么人也不接触，他们也不知道我是谁。在宿舍里，学生也放假了，一天除了按计划写书以外，心里可以没事了。

问：回上海的时候，您顺路去过煤矿吗？

答：我上北京，到天津，到张店，后来到佛山去，下了一次矿。

问：那个矿是不是淄博的矿？

答：哎，就是那个！……到天津以后住两天，我又到北京来看一看，待一个礼拜，太寂寞了，住在前门外同学公寓，受不了啦，没有斗争气氛，第二天我就走了。朋友请我吃顿岳阳楼烤肉。还是听上海码头工人嘿呼嘿呼的声，心情好一些。

问：萧老，再谈谈《八月的乡村》吧，这是一部重要作品。

答：重要作品，当时我也没有什么事，按着我的立场、观点写成的。一般地讲，革命转折时期，知识分子带头，是个桥梁。东北抗日联军仅仅是一个小序曲，接着主要是引起全国的抗日战争。这是小溪到大海。另外，从人物来看，由小乐曲到小支流之后到大海，安娜也是这样发展的。在今天来讲，回想一下，没什么错误。

问： 知识的桥梁到劳动人民才是脊梁骨，从萧明身上反映出来。从作品结构上看，萧明开头带着队伍，英姿飒爽，很干练的，后来哭哭啼啼，不知怎么办了，成不动步了。

答： 对此，陈柱也有意见了，他能控制住，有意见，他也受不了，萧明对他也有意见，群众也有意见，安娜也有意见，陈柱他本身有同情，所以只好叫他们暂时离开。他对恋爱本身也没有什么办法。萧明他有情绪，不理解……

至于题材，一方面来自实际生活提供的题材，但也不是全部。一部分是我在军队自身的体验，一部分是经过一番构造，根据这三方面构成的。

问： 关于《八月的乡村》，前一段谣言还是挺多的，一种谣言，就是说，这个作品是舒群写的，您给偷来的；另外一个呢，说是傅天飞写的，您给拿来的；另外还有一种说法是，舒群提供材料，您写的；还有一种说是当时地下党人提供的材料给您的。

答： 傅天飞是舒群的同学，都是三河学校的学生。傅天飞后来到磐石游击队去了，当了宣传科长什么的。他有时到哈尔滨来，到我那里去。舒群对他说了我在练武堂军训的情况。这样有时他就向我介绍一些情况，萧红让我再去核实一段。在吃饭时，他和我谈了一些情况。这些情况，当时也就作为情况放在那里。后来我想写作品，有动机，也没打算写这么长。后来嘛，就动手写，没有写完。开始这么写法不合适，那么写不合适，后来改为现在这样写法。后来不知怎么的有这些说法，现在舒群还在嘛！

问：《八月的乡村》出版碰过一些钉子吧？

答： 根本没打算叫官方给出。《生死场》碰了些钉子。第一个寄鲁迅，结果没出，出在“奴隶丛书”之中。叶紫对我帮助也很大。舒群把生活费拿出来，在1934年给我拿了印刷费。历史密切，最久是方未艾。其次，舒群是无私援助，虽然一度吵过架，绝过交。听我有结论，不顾身体有病，很高兴地来看我，这样，又和好了。

我是朋友尽量都交，斩断也毫不客气。对萧红也是这样，斩断毫不客气。

问：鲁迅对《八月的乡村》，除了序言是否有个别称赞的话？

答：不，他根本不谈，有次许广平要谈，他说："得得，别谈了。"因为他怕助长我的骄气。

问：《序言》是充满热情的，不朽的。

答：（20世纪）50年代人文出版社出《八月的乡村》时，他们叫我取消序言，我不同意，他们要取消序言，我把书的出版过程也写上了。

问：当时环境有压力，您会理解。《八月的乡村》还是经得住历史考验的作品。

答：关于《八月的乡村》之所以能引起全国读者的共鸣，与其说是文学的力量，不如说是当时读者的口渴。

问：一共出多少版？

答：不好计算，公开出的有十几个版本。外国翻译的有俄、英、德、日、印度等版本。苏联是最早翻译的。抗战时期，国民党报纸还发了个消息，还有我的照片，说《八月的乡村》俄译本，两天就卖多少万册等等。

问：您写《八月的乡村》，艺术上有什么准备、追求？

答：就那么写了。达到什么目的，就是什么。总的说是炭笔速写，炭笔画。不粗犷不能发生力量。重彩工笔好画美人。大画，发生力量，一定有粗犷的东西。什么题材，用什么笔触、形式，这是根本原则。《红楼梦》林黛玉必须画成弱不禁风。内容决定形式，形式决定技巧、方式、方法。

问：您比较喜欢哪个人物，是铁鹰队长？

答：我喜欢小红脸。他一方面刚，同时又有柔。萧明被批判后，别人不理他，他却鼓励萧明忘却斗争以外的事。他粗中有细。

关于要枪毙犯纪律的唐老疙瘩。应该处分，但打死他大家也会心寒。现在的处理是敌人进攻了，唐老疙瘩抓起枪，在战斗中牺牲了。卫护了纪律，也尽了人情。

一个人的死、活都要有必然因素。要合理，非如此不可。作家处理掉一个人，心里也是难受的。李七嫂反抗很有激情，找到队伍她的精神也垮了。那个铁鹰队长，打了败仗，在山洼里队员们发愁唱歌，他自己在篝火旁，掉下眼泪，这个人物眼泪是值钱的。

萧明处理得恰如其分。他与安娜恋爱，两个人可以谈得来，但，客观条件不允许，该爱也爱不了，安娜初恋，内心很痛苦。我写一个朝鲜女孩子，我们和朝鲜人民分不开。

陈柱司令员，是安娜爸爸的朋友，他同情安娜初次恋爱受伤，但，非如此不可。

刘大个子是老兵油子，革命把他也卷进去了。义勇军队伍里就是有工人、农民、兵油子，什么人都有，革命大熔炉嘛。

那时我不能写党的会议，那样出版就够暴露的了。当时蒋介石是“言抗日者，杀无赦”。《八月的乡村》是从刀尖中钻出来的，是非法出版的。

《八月的乡村》，尽管它还幼稚，不是百世不朽之大作。但，它起了作用。当时，除东北作家群一些写反满抗日的有实际内容的东西外，抗日文学、作家还是不多的。

四、关于《羊》《江上》

问：在您的短篇小说写作上，题材、写法以及是否有原型等问题，请您谈谈。

答：我写短篇小说不多，二十几篇吧，有些是为糊口而写的。但仍是反映现实社会，揭露不合理的社会制度。所以四川有位国民党书报检查官说：“对萧军没办法，张口就左，但你又抓不住他。”我说：

“这叫万变不离其宗。”

问：您的短篇，是有些共同主题的东西吗？

答：问题在于你只要是革命的人，写什么没关系，写咖啡馆也一样。题材不决定一切。你要是反革命，写工人也是反动的。鲁迅先生说过：“从喷泉里出来的都是水，从血管里出来的都是血！”

问：在艺术上，方法上，您可有明确计划，比如现实主义啊，还是浪漫主义？

答：这个没有。这块夸大一点就是浪漫主义；那块更接近生活实际就是现实主义。没有一个作家完全是浪漫主义，都要从现实生活出发。浪漫主义特点不过是形象夸大、色彩鲜明。所谓要革命现实主义与革命浪漫主义相结合。法国雨果是浪漫主义的，但也都是现实题材。无非是形象夸大色彩鲜明。作家最明白自己的作品，哪处夸大，哪处缩小，自己是最清楚了。

问：您的《樱花》是写什么的？

答：《樱花》概括起来说，还是写民族矛盾与阶级矛盾。从关外流亡到关内，找到了祖国，但仍有阶级的压迫，女孩子沦为娼妓、歌女、舞女……《樱花》我以为写得飘点。

问：您的《初秋的风》是想说明什么？

答：基本上还是表达工人受剥削。事物要寻找阶级根源。那个工人所以后来嫖妓，是沦落了；可是，也有社会原因。所谓，食色天性。20多岁，无力娶妻，老板领着姨太太香风香气在排字房走来走去，他能不受影响吗？所以，本质是社会、阶级原因，不是个人问题。我当时也20多岁，也不是先学了理论后去写作，是靠自己阶级本能去感受去写作的。

问：您是否可以再谈谈《涓涓》？

答：《涓涓》没有写完。萧红跟我说，我就写，没经什么推敲。鲁迅先生说有的地方有自然主义（指父亲乱伦行为）。这次在东北重新发表，经过了删改。萧红讲这个材料，带着气。张选二是否是萧红亲生父亲有争论，没结论。一般说养父有乱伦行为，尚可理解；如果是生父那就是不齿于人类的狗屎堆了。

问：您的短篇代表作是《羊》吧？

答：《羊》知识分子也喜欢。我自己比较喜欢《货船》，那是与舒群一道去上海，船上认识了一个大副。原名叫“搭客”，是郑伯奇发表时改成《货船》的。人家说它有北欧作品的风格。

《鳏夫》也比较好。主人公从地主家临走时，什么也没有了，只是狗跟着他，他拍拍狗的脑袋，说：“走吧！流氓！”

《江上》《羊》这些短篇都可以。《羊》的主题，就是写中国社会就是民族的大监狱。这个作品，经鲁迅先生介绍到日本去了。

我认为小说是写给别人看的，诗才是给自己看的。我平素很少看自己写的小说，旧诗倒是反复读的。

五、关于长篇小说《第三代》

问：《第三代》是您的主要作品，希望您谈谈它。

答：《第三代》按我原来的企图是准备写东北义勇军怎么形成的，在什么基础上，东北人的基本性格是什么。写出自豪感。《第三代》要反映几代人物，客观环境，社会历史背景广阔，笔是舒展开了。如果说《八月的乡村》是炭笔画，《第三代》则是精致复杂的工笔画。

就人物看，井泉龙、林青、杨洛中是第一代人；刘元、宋七月、宋八月、杨三、汪大辫子属于第二代；杨三的孩子杨小英则是第三代了。

人物性格，井泉龙豪爽，宁折不弯，林青内在的东西多；海交是畸形的复仇，半截塔老实厚道，他也不想当土匪的，是逼的，官逼民反，除此无路可走。所有人物，有的有原型，如汪大辫子，从小就有接触，是实有其人的。

地主杨洛中本质上是凶恶的，但表现上不那么外露。其实，在你不妨碍他切身利益时，他也不轻易拿出杀人武器。

这本书也可分成《过去的年代》《斗争的年代》《胜利的年代》，现在没有写完，我现在也没心思再续写了。

问：关于书中的妇女形象，您怎样看法?

答：我是肯定翠屏的，她代表着坚强女性。四姑娘是善良人，才与世浮沉。

问：焦本荣这个形象呢?

答：他是小学教员、知识分子吧。

问：林青的儿子呢?

答：哦！那是个受了洋人影响，萌芽的民族资产阶级吧。

问：这部书您写作时间很长。

答：是的，一共有十三四年吧。我在书的后记中关于这本书，我写了大意如此的话：“企图把我国几十年来的历史变动和一些可爱、可敬的人物，以至可憎、可恶、可恨……的人物，在文艺作品里全给他们一些形象。让我们的后代来者，也知道知道他们的前人是在怎样被侮辱与被损害、痛苦和折磨的生活中挣扎过来，又是用了多少和怎样的血的代价才换得了幸福的今天和明天……”

六、关于《吴越春秋史话》

问：今天请您给我们谈谈关于《吴越春秋史话》这本书吧。

答：其实，你们自己先摸摸最好，我先讲了，就先入为主了。写历史小说，是表现历史，也纠正被歪曲了的东西。写一部历史小说，让现代中国人了解自己的祖先，主要意思也就在此。当然，再现历史也是根据我的观点，认为那个人物该如此如彼。但是否如此，2000多年前的人物也难说了。

这是我对封建历史的认识，不是全部，是一个过程。揭露出封建帝王自私的本质。从古以来，只有忠臣没有忠君。不管是贤君、昏君、暴君都如此。比如唐太宗是英主，有贞观之治。可是，后来他也乱杀人，对魏徵几次要杀，对养马人也是滥杀无辜。他们掌权之后就要变。起初礼贤下士那是为了积蓄力量，一旦坐稳九龙墩情况就不同了。伍子胥与阖闾兄弟相称，那是需要他。夫差对伍子胥就不一样，最后落个赐死。刘备也试探过诸葛亮，那是托孤的时候。明太祖杀过功臣。打开历史就是汉光武帝不错，算是英明，后来唐太宗连魏徵的坟都扒了。

问：看来范蠡是比较明智的，及早隐退，免遭杀戮。

答：是啊，我对范蠡携西施而去的传统写法，做了新处理。因为，我觉得这有损范蠡的形象。没按老样子写。我把范蠡作为政治思想家处理的。一般古人可分为政治家、政治思想家、军事家。三国的诸葛亮是政治思想家，鲁肃是政治家，周瑜是军事家……汉朝张良也是政治思想家，政治思想家比政治家、军事家要高明、明智，有远见。比如伍子胥是很好的军事家，却落个不好下场。

问：伍子胥的自杀，书中写出了必然性的。

答：是他无路可走了。楚国不能回，越国不能去，齐国也没有他立足之处（正造谣说他通齐）。所以，他自杀了，成为一种必然。处理人物，作家是深知的，一般人就未必知道了。关于书中主要人物我都题诗为记，这些诗你们都读过了吧！

问：专诸这个人物也写得比较可爱。

答：还有孙武。吴王用宫女练兵来戏耍他，他杀了吴王的爱妃，那是给他颜色看。另外，浣纱女、干将镆铘、剑女、范蠡、庆忌、要离，都是我喜欢的人物。比如庆忌在临终时说："吴国不能一天死两个武士。"他放了刺死他的要离，庆忌就很可爱了。

伯嚭贪财爱货，没有什么政治思想，他的坏，也有伍子胥咄咄逼人的原因。

问：小说中剑女写得也好。

答：我相信一般人写不来的。因为那里的斗剑有我的武艺知识。又比如干将镆铘的造剑术，我也有这方面的知识。写小说，处处是学问，处处是知识，处处是经历。有些青年同志一动手就写80万字，怎么写呢？

问：您为什么写这部历史小说呢？

答：一般说是现实题材不好写，才去写历史范畴的东西。小说一共写了两年多，后来接着又编了《吴越春秋》的剧本，那正值国家三年经济困难时期，连烟也没有抽，深夜喝一口白水，也坚持写下来。我比较喜欢这部小说，它得以出版我很高兴。这也将是我最后一部封笔之作了。它也许不能一下子被人理解，因有历史知识的隔膜。

问：小说人物也有虚构吧？

答：当然有。田家女就是虚构的，她能加强西施的价值，越国不分男女，纷纷为国报效，牺牲自己。

问：写历史小说都有影射吗？

答：历史是不会重复的，但有些历史事件可以相通。一定说是影射什么，这就是别有用心。历史小说不好写，要有充分的历史知识，还要有正确的历史观。

问：这部小说艺术上很细致。

答：为什么要写这个人物？怎么样去写这个人？前者是哲学，后者是艺术。要离行刺前后的心理描写、思想矛盾都写得很充分。断臂那是苦肉计，就是那样，庆忌还存有疑心呢。

问：公主自杀似乎写得匆忙些，应再加工加细。

答：也没什么，公主被娇纵惯了，极其任性，不允婚，我就死！就那么死了。

问：越后这个人物您怎么看？

答：她是坚定的，刚强的。但也有自私的一面。她能操纵越王，就在吴国做阶下囚，也不乱君臣之礼。她手腕也够毒，不吵不闹，却逼得越王断指，剑女被逼走。

问：这部小说与您以前的作品风格不一样。

答：作品题材不同，写法不同（所谓内容决定形式、技巧）。其风格也会各异。

问：越王尝吴王粪便之举非常可为。

答：是啊！这是范蠡的主意。他对越王说："只有他人不能为而能为之，你才有回国的希望。"范蠡深谋远虑，历史是纲鉴，是镜子。写历史就是为今人照镜子，看看对现实社会有什么效果，有什么借鉴意义。

问：评论这本书有什么应注意的问题?

答：历史背景要搞清楚。前部是吴楚之争，后部是吴越之争。人物心理过程要摸准。比如伍子胥太憨直，摆老资格犯老教条。对皇上直言犯上，不讲方式方法，也不行。

问：对我们的评论有什么希望?

答：只求实事求是，用不着拔高。这本书的一些人物如伍子胥，他们都有历史渊源，有民间传说的基础。另外，浣纱女、西施、郑旦、越后、剑女这些妇女形象，都可以写出分析文章。

七、关于《五月的矿山》

问：您能否简单谈谈《五月的矿山》的创作过程?

答：是这样，经过《文化报》与《生活报》论争之后，我决定去一个新地方，去工业区——抚顺。国家要开始建设嘛！

在抚顺，我和王德芬同志在抚顺总工会工作，也住在那里。她在工会担任抚矿俱乐部主任和类似科长的工作。继之，我的《武王伐纣》在抚顺矿山京剧团上演，她担当京剧团团长，我担任顾问，主要是我主事了。连续演出了38天，效果很好，很受群众的欢迎。这个职业性剧团不仅够开支，还有盈余。

与此同时，矿山组织劳动竞赛，开展生产运动，评选劳动模范。

要调查劳模的情况，整理劳模的材料。他们要我参加调查工作，帮助他们看一看劳模的材料。要编《劳模事迹》和劳模刊物。在调查、编写的过程中，我看有比较好的事迹、素材，我就保留起来。一方面是工作，到各方面去做调查；一方面我注意了文学题材的保留、积累，接触了很多工人、劳模，这些新中国的工人阶级。

工业区很不简单，你们要了解，对我来说那是新事物、新课题、新环境、新思想。比如说要了解车床，你就要知道它是哪儿的产品、它的用途、它的性能……那你才能使内行看起来是内行的东西，外行看起来也有个比较明确的概念、印象。诸如这些材料，我是准备得很丰富、很充分。这期间前后用去了一年半的时间。

1951年，我是在我的老朋友方靖远（即方未艾）那里写作《五月的矿山》的。当时，他在青岛大学教书。

问：您写《五月的矿山》的动机？

答：主要写作动机是为“争口气”吧。当时国家新成立，建设任务，发展工业，这必然是一个新创建的国家的首要任务。发展生产，人民才能提高生活。国家要富强起来，是中国人民千百年来的愿望。

《五月的矿山》其中有几条《工人日报》的新闻；小说后尾有几句话，诸如“官僚主义是生产的大敌，应吸取血的教训”等。出版社他们要拿掉，我说一个字也不改。原则上一定要放上。

问：印了多少册？

答：第一部大概印了五六万册，与此同时，他们就组织人批判这部《五月的矿山》。我原以为自己是个“歌德派”。结果批判这部《五月的矿山》，是如何如何的毒草啊，这样一来从那时起，《五月的矿山》就不再版了，绝版了。

《五月的矿山》不管小说本身写得怎么样，它歌颂的是工人阶级，暴露的是官僚主义。写的是新中国成立后当家做主的主人翁和热火朝天的劳动竞赛。这对我这个人来说是一种新的尝试，是在新文学道路上的又一步。它和写作《吴越春秋史话》截然不同。

那种严重的官僚主义，惨痛的责任事故，关系到工人阶级的死活，难道不应当管吗？文学上不应该表现吗？当时《东北日报》上对抚顺崩岩事故有文章，我特意附上，说明是以事实做基础的。

当然，小说是文学，不是新闻报道。

八、鲁迅先生与萧军、萧红

问：您在上海与鲁迅先生过从甚密，请谈谈先生对您的影响。

答：我的《八月的乡村》是萧红用很薄的美浓纸抄的，小字密密麻麻的。先生看时要用衬纸垫着，否则，就看不清。这部稿子，后来又是鲁迅先生奔走筹划，以“奴隶丛书”名义得到出版。萧红的《生死场》，也是以“奴隶丛书”名义出版的。因为问过几家出版商，都碰了钉子。没有鲁迅先生就没有《八月的乡村》和《生死场》。

先生对工作、生活，非常严格，一丝不苟。每天工作很忙，每天晚12点后才写信，但字迹横竖都成行，并不匆草。包一个书包也四四方方。多的绳头都剪得整整齐齐。

有一次我们看先生太忙，向先生要工作，准备帮帮他。他就把《海上述林》给我们，叫我们凡有标点的都画圈，拿回来后，萧红圈的。结果，先生又重新圈点的，一边叹息说：“不叫他们干，要干，干就这样干法！”

问：先生对您创作的影响如何？

答：我尊重鲁迅先生，是他的学生。那是思想和为人。在艺术上我还是主张独创的，谁的影响都排除。鲁迅先生是书香门第，学问渊源很深。而我是个流浪汉，读书学习东一耙，西一扫帚，影响很杂。从作品看，鲁迅先生作风严谨，如木刻画般刀法分明、严峻，而我是油彩画，五颜六色，什么都有。鲁迅先生是现实主义者，而我却是浪漫主义，以后才走上现实主义的。鲁迅先生对我要求是很严格的，从不当面表扬我，那次广平同志要讲我的作品如何如何，鲁迅立即拦阻："得，得……"他怕我骄傲。他批评我的诗有名士气。

鲁迅先生对我们可以说七分鼓励，三分批评，一分也没打击。先生当时对我们的爱护，是很细致入微，令人回忆起来非常亲切、温暖。有那么几件小事：

1. 萧红那次梳小辫子，穿个红裙子，问先生漂亮不？先生说换换发带颜色就好看了。

2.《海上述林》平装本来了，先生给我一部，我说不要，我说要精装的。先生说这个平装白给，精装的也有你的。

3. 我刚到上海那年冬天，看楼外草地发青色，他告诉我上海气候与东北怎么不一样，怎么不同。他并且嘱咐我们不要与上海俄国人讲俄语，他们很多是特务，你讲俄语，他们会报告你是莫斯科派来的。

4. 那次我在先生房内，把一个日本小人型的手中钓鱼竿弄断了。先生用眼睛看我一下。第二天，萧红自己去先生家，先生问："那一位怎么没来？我可没用眼睛瞪他啊！"——伟大如先生者，都如此珍视对一个东北青年的友谊，实在使人感动。

先生是大海，我们仅仅是小溪流，永远学不完，说不尽……在上海时，我们唯一的希望与乐趣是接到先生的信。一共有55封。我已做了注释出版。这份精神财富，不仅是我个人的，也是祖国的文化瑰宝。

载吉林大学社会科学学报编辑部编《萧军创作研究论文集》1983年第2期

二度访萧军

慧　心

我小时候，就常听家里人说起四姑有个女婿，名叫萧军，说他在（20世纪）30年代就是青年作家了，不仅会写文章，还练得一身好武艺。

萧军在我的头脑里是个传奇人物，在众多的亲戚中，我对他渐渐产生了好奇心，虽然见过他的照片，但我总想看看他本人，听听他讲话。由于历史的原因，我的愿望迟迟未能实现，一直引以为憾。

时代的车轮碾过了那些使人极不愉快的日子，中国大地再度回春。1977年4月，我去北京，表姐约我去她家玩。

我来到表姐和萧军的新居——东郊东坝河的两间乡村小矮屋。四周有几棵小白杨，家门口堆着一些树苗，表姐正在栽花，看样子是在美化新居哩！

表姐见我来了，十分高兴，她拉着我的手就寒暄起来："我几年没见你，又变样了。"

"姐夫到哪儿去啦？我一直没见过他呢！"

"他挑水去了，就来。"

"什么？挑水去了，他不是都70多岁啦？"

"怎么，70多岁就不能挑水啦？哈哈……这不是挑了满满的两大桶吗？"

一阵粗犷的说话声从身后传来。

我回头一看，一个身板壮实的老人挑水过来，他步履稳健，放下水桶，笑着与我握手。

“他就是你的老姐夫萧军。”表姐打趣地说。

“小表妹，见到你很荣幸。”萧军更是幽默。

我仔细地观察着面前这位老作家，也是我的老姐夫。他个头不高，国字脸方方正正，鹤发童颜，气色真好，剑眉下的一双眼睛很有神采。他的一身打扮也挺有意思，上身是红色运动衫，腰里系着条宽宽的皮带，下身是灯笼裤，布鞋。

“姐夫，您身体可真棒，像个老运动员。”

“是啊，是个老运动员，过去的哪次‘运动’也少不了我，哈哈……”

他的这一句话，我听后不禁感慨系之。是的，萧军几十年蒙受着不白之冤，被逐出了文学队伍。在十年浩劫中，更是遭到残酷的迫害，他被当作“老牌反动作家”“老牌反党分子”受到揪斗、抄家、毒打、劳改……历史的苦痛在他那严峻的躯干上，深深地刻下了八道年轮！常言道：一人得道，鸡犬升天。而他呢，则是一人遭殃，全家受累：表姐因是“反动作家的老婆”而被抓去批斗、专政、劳改；大女儿被工厂开除，露宿街头两个多月；大儿子的脊椎被抄家人打裂，昏死时被送到火葬场，险些火化掉；二女儿被罚站在寒风中，每天像动物一样向学生们展览，时达三月之久，小女儿也因受到社会的歧视，最后被逼斗得精神错乱，17岁就恨别了人间……

然而，几十年的逆境、厄运、冤屈、迫害、磨难，都没有压垮萧军，整死萧军。他不但挺过来了，而且活得这么达观、这么健康，真是个奇迹！

我沉思片刻，便问道：“姐夫，您近来都忙些什么？”

他一边浇花一边说：“这不，担水劈柴，栽花种树。小表妹，快来帮忙啊！”

我也挽起袖子，帮着忙乎起来。

这时，他们的大儿子萧鸣用车拉来了百十棵花椒树苗，我们三人突击了一个上午，给小屋四周种上密密的一圈……

表姐做了香喷喷的打卤面招待我，大家在屋外的小桌上饱餐了一顿。

吃完午饭，萧军姐夫招呼说："小表妹，屋里坐吧。"

我进屋一看，墙上挂着一支宝剑，带着穗。案头上堆着一些稿纸、书籍，还有毛笔、砚台……

"姐夫，我大远地来看您，又帮着干活，您得给我写点什么……"

萧军爽朗地一笑："哈哈，真会要价，你帮我种植了椒园。我就给你写一首《椒园闲咏》吧！"

他说着，就挥毫写道：

老来初解爱田园，
往事悠悠一雾烟。
啼笑何由余冷眼，
恩仇行在久无嫌。
椒杨半亩杂花草，
星月漫天不需钱。
矮屋两间双白发，
青灯坐对足开颜。

我接过萧军姐夫写的诗，反复看了两遍，心想：他是不是因为多年遭难、挨整，寒心了，想解甲归田？便问："姐夫，您真的要当陶渊明？"

表姐在一旁插话："他啊，正在重整旧业，挥笔上阵呢！"

"姐夫在写什么？"

"他正在为萧红的信做注释。"

“萧红的信能保存到现在，可真是不幸中之大幸!”

萧军用手理了理头发，带着怀念的感情说：“是啊，这些信件是1936年萧红从日本寄回的，也有几封是她回国后从北京寄到上海的，共有40多封。能保存下来，真不容易。我和萧红共同生活了6年，她很有才华，我们是患难中的伙伴，是文学事业上的伙伴啊！萧红于1942年逝世，现在的年轻人不了解她所处的那个时代了。注释这批信是我义不容辞的事，也是对萧红的纪念。”

“我还得向您请教呢！给我讲讲您是怎么走上文学道路的?”

“这在我说来，完全是偶然的机遇。我小时候爱的是‘武学’。喜欢打架，总想战胜对方。宁可去放羊、放猪，也不愿去读书。我经常逃学，和家乡的小伙伴们下河捉鱼，为了这个，挨了父亲不少打。可是，我喜欢听祖母讲故事，什么《杨家将》《呼家将》……祖母讲起来绘声绘色，讲到悲处，常常声泪俱下，给我的印象极为深刻。我10岁以后到了长春，读了几年书，方块字也多认识了一些，读小说的欲望竟然强烈起来。在都市里买书、借书全很便当，于是我竟像一条饥饿的蚕似的，只要是桑叶——书——就一路啮噬过去……”

“您喜欢看哪个作家的书?”

“我最爱读鲁迅先生的作品，尤其是《野草》，最是我深爱的。我也喜欢托尔斯泰和拜伦的作品。”

“您的处女作是什么?”

“我的处女作名为《懦……》，写于1930年的春天，刊登在沈阳《盛京时报》上。这个短篇小说是我在东北陆军讲武堂当学生时亲眼见到的一件事——一颗人头被当作球踢的故事。”

“您的代表作《八月的乡村》是在什么背景下写出来的?”

“那是在‘九一八’以后，出于民族的义愤，我与几位军人朋友密谋组织过抗日义勇军，不幸失败。后来，我们到了哈尔滨，与磐石人民革命军的朋友却一直保持着联系，了解了许多战斗的故事。《八月的乡村》就是以此为背景和素材写成的。”

“写小说一定要有生活的原型吗？您的小说是否都写真人真事?”

“写东西一定要写自己感受最深的事情，在生活的原型上升发。在我的短篇里，有一些是我和萧红真实生活的记录。但是写小说不可能全写真人真事，只能是真真假假，虚虚实实，只能是生活的集中和概括，生活的再现和升华。我笔下的人物基本上都是组合成的，很难说清楚这是谁，那是谁。这中间有个生活积累问题，旧社会我接触的人很多，工人、农民、官僚、土匪、流氓，我都接触过。各种各样的女性我也都见过，脑子里头装了不少人物，在写作中，这些形象就会跳出来，再进行加工创作，人物就出来了，而且完整、真实。我写《八月的乡村》就是由三个部分组成的，一部分是我当时记录的‘人民革命军’的真实情况，一部分是根据我在军队里的生活体验，还有一部分就是艺术上的虚构，真实的可就没有那么‘美’了。”

“(20世纪）30年代，您和萧红步入上海文坛，鲁迅先生在创作上是怎么指导和帮助你们的?”

萧军笑着说：“你不愧当了几年记者，很能提问题！鲁迅对我们的帮助是一言难尽的。先生常说‘肩住了黑暗的闸门，放他们到宽阔光明的地方去’。鲁迅先生对30年代的文学青年一向是呕心沥血地扶植和培养。他对我和萧红的作品，可说是姑息成分多，很少大杀、大砍。记得《八月的乡村》底稿请他看时，他只给我改了几个错别字，没怎么改动。只记得我的稿子结尾时有一段话叙述孙氏弟兄去投‘人民革命军’，一只狗在后面跟着他们，孙氏弟兄用石块轰它回去，狗停止住想着：‘他们不久就会回来……’鲁迅先生即在这里眉批了几个字：‘狗的心理，你怎么会知道?’于是我就把那狗想的话抹去了。鲁迅先生从来也没有正面指着鼻子教训过我们，还亲自为《八月的乡村》和萧红写的《生死场》作序。他的为人、他的品格、他的作风本身就是一种教育，一种榜样，到现在还时时影响着我。”

当太阳偏西的时候，我与萧军握手道别，他笑着风趣地说：“咱们一老一小谈了不少，欢迎你再到椒园来做客。”

我沿着乡村小路走去，不时地回头望着那春田中的两间小矮屋，这一天，我感到自己从小屋里得到了许多许多……

去年金秋时节，我去北京出差，带着发表的电影剧本《萧红》，又去拜访了老姐夫——萧军。这次是在什刹海边的“蜗蜗居”做的客。小楼多年没维修，木楼梯已很破旧，拾级而上，穿过兼作厨房的过道，步入一间斗室，空间几乎被三张床占完了，只给萧军姐夫留下一米见方的小天地。

天地虽小，但来访者络绎不绝，有外国记者，有出版社编辑，有文坛老友，也有慕名而来的文学青年……大家轮流与萧军交谈，我也只好“排队”。

几年不见，萧军姐夫仍然是那么精神矍铄，谈笑风生。他看见我，便从上衣口袋里掏出一块糖，做了个滑稽的动作说：“小表妹，请吃糖!”惹得大家都笑了。

我握着他的手问：“您都75岁啦，身体还这么硬朗，有什么养身之道?”

“有文事者必有武备嘛！我每天早晨都到后海边去打拳、舞剑。”

“听说您到美国去了一趟。”

“是的，刚回来。我过去没出过国，也没坐过飞机，我是个土包子作家，这次算是过了过坐飞机的瘾，多亏身体做主，一个月之内跑了华盛顿、纽约、洛杉矶、旧金山、芝加哥、艾奥瓦州等城市，在艾奥瓦州，我与丁玲在聂华苓家过的中秋节，吃的台湾月饼。在旧金山还见到了研究萧红的学者葛浩文，在他家也做了客。”

我们的话题便转到了萧红身上。

萧军姐夫吸了口烟说：“现在世界上研究萧红的人不少，美国，日本，中国香港、台湾都有人为萧红著书立说，评介她的作品，我们东北更是萧红热。”

“姐夫。我写《萧红》剧本的时候，常常为你们的分手感到惋惜。”

“萧红给中国文学留下了丰富的遗产，作为6年的伙伴我很怀念她，萧红是很单纯的，她在生活上是无知、善良的。但是我和她在性格和思想上不合，人真正生活在一起并不那么美丽，和萧红生活在一起也并不那么容易，她有她的特性，我有我的特性。人的感情是不可靠的，早晨一个样，晚上又是一回事，感情要通过理性来控制。我要写回忆录，写回忆录等于重新揭自己的疮疤。”

“很想听听您对《萧红》剧本的意见。”

“一个作品，关键是社会效果，一切要用社会效果来衡量，这是个老问题，今天还要强调。拍摄萧红的影片，我赞成，宣传她所代表的一种力量，对中国人民有好处。单纯停留在个人的悲欢离合方面还不够，要有历史的背景，社会的影响，才能闪现出人物的价值。作为一个编剧，历史知识、西洋史、社会科学、自然科学方面的知识都要有，多看看中国女作家的传记生平。多研究萧红的作品，对哈尔滨要熟悉，尤其是过去的旧景，如欧罗巴旅馆、商市街、列巴圈……多读些书，下点功夫，要比读者高一筹。”

萧军谈起这些来，大有万斛泉源滔滔不绝之势，我好容易才找到个“置喙”的机会，立刻像小学生提问一样插嘴道：“怎样才能写出好作品？”

“这可不是几句话能说清楚的。真正的好作品要像旋风一样把读者裹进去，作家在那字里行间把他的形象、感情都浮现出来，和读者结为一体。这就需要作家有真诚的感情，抓住生活中最本质的东西，不要停留在表面的文字技巧上，这样，一下笔才能打动人。如果文艺作品是为了某一个特定的主题‘造’出来的，那么一定是没血没肉没有灵魂的。为什么有些作品抓不住读者的感情，就是因为虚假，矫揉造作，人物简单化、概念化。这里也牵涉作家本身的素质、人格和修养。再就是知识面要广，天文地理，古今中外，三教九流，七十二行，都要知道一点。深入到社会的各个阶层，各个角落，生活功底一定要厚实。”

“您一共写了多少作品?”

“从1932年算起到50年代已出版的长篇小说和短篇小说、散文集子有13本:《跋涉》《八月的乡村》《羊》《江上》《涓涓》《绿叶的故事》《十月十五日》《幸福之家》《侧面》《五月的矿山》《过去的年代》《四地文集》《解放文集》共计300万字左右,后来又陆续写成了历史小说、戏剧、长诗等也还有一二百万字左右,过去那些年月,我的作品是不能出版的,事实上我离开了文艺界也若干年了。因此,在全国第四次文代会上,大家叫我‘出土文物’,哈哈……”

“近几年内,您写了不少东西,听说仅1980年一年之内,您就写了四五十万字。”

“恢复名誉后,是写了点东西,整理了以前的作品,出了几本书,有《吴越春秋史话》《萧军近作》《萧红书简辑存注释录》《鲁迅给萧军萧红信简注释录》,一共有近百万字,现在又东鳞西爪地写了一些。如今年龄也不小了,时间不等人啊,我活着,还要好好工作下去!”

面对这位豪爽、勤奋、饱经忧患的老作家,使人想起曹操的诗句:老骥伏枥,志在千里。

临别时,萧军姐夫送给我几本他的著作,并且用毛笔题上词,签上名,端盖上大印……

我接过那几本书,觉得分量很重很重……

载《芳草》1983年第6期

岸柳青青访萧军

邢富君

北京什刹海北峰，临海的柳树正吐出新绿，率先渲染了春意，这是今年4月初的一天，我数着柳树打听到了鸦儿胡同，应约来这里拜访萧军同志。

对这位著名作家，我虽早已从他的作品里有了认识，却从未见过面。记得鲁迅当年致萧军的书信以及许广平所写的回忆文章里，都称萧军为关东大汉。因为这个缘故，也由于读他的作品留下的印象，我想象着萧军高大的身躯……因此，一直到走进一幢破旧楼房（萧军送了它一个雅号——海北楼，他近年不少文章写于这里），踏上木楼梯时，我脑海里总浮动着一个关东大汉的身影……

可是，来到这位作家面前，抬眼的瞬间，我心中不禁有点惊讶：这是萧军吗？萧军原来是这样。他不过中等身量，一身蓝劳动服工装，裤子肥大，又越发衬短了他的身材。步态稳健，站、坐时两腿呈八字形摆开，仿佛随时要保持站稳脚跟的姿势，沉静中透露着活力。使我蓦地想起他一幅舞剑的照片来。风雨人间70多个春秋，他的头发已经完全灰白，却很整齐，垂在并不宽阔的前额上，额下一双眼睛不大，很有神采。这是萧军，早年以《八月的乡村》驰名文坛，在文学之路上已坚持半世纪之久的一位老作家。

生活与创作的追求

谈话从作家的一份自传说起，1941年5月23日，他写了一篇自传，由一位美国记者以英文发表，近年由美国汉学家《萧红评传》一书的作者葛浩文译成中文，自传中有这样一段文字：

> 我往往被自己笔下所创造的人物梗于心，对我而言，那些人物都是有血有肉、真真实实的人；我会完完全全地陶醉于自己所描写的景物和气氛中。说实在话，我发现我竟能被自己的一支秃笔所欺，这是一件非常有趣的事。
>
> 至于我从事文艺工作的唯一目的，是想帮助那些受压迫的人，使他们能从悲惨的命运中解脱出来。

从这段话，可以看到推动萧军在文学之路上前进的巨大力量和他为现实生活所激发的创作热情。听我提及他40年前写的自传，他说："我做人也好，写作也好，第一为着求得中国的独立，完全的独立；第二是求得民族的解放；第三是求得人民的翻身；第四是求得能出现一个没有人剥削人、人压迫人的社会制度……"

萧军开门见山，这样谈了他生活与创作的宗旨，从中国自鸦片战争以来所受的帝国主义列强的欺侮，讲到帝国主义操纵下的军阀混战给人民带来的灾难，特别讲到日本帝国主义侵略到我们的心脏来了……他所幸，在中国共产党领导下，人民经过艰苦奋斗，国家完全独立，民族解放了，人民翻身，建立了社会主义的制度。萧军说："在我有生以来，是为这个奋斗了，我做人，是这个样子，我的文章、任何时候的文章都根据这个而来的。"

他的声调平静而深沉，无任何骄矜之意，却有一点欣慰之情，这是可以理解的。同中国现代文学史上许多革命作家一样，萧军是以为民族解放战斗的姿态从事文学创作的。他本来是行伍出身，从武学转到文学，这对于他所信仰的真理来说是一样的，不管是用枪来护卫，还是用笔来侍奉，他的目的只有一个。他以士兵的单纯的信仰执着地钻研文学，是深信它可以作为服务于革命斗争的一种武器，也许正是这一点，给了萧军的创作以时代的灵魂，给了他的作品以不朽的生命。

“革命需要它”——《八月的乡村》

这样便谈到了《八月的乡村》——中国20世纪30年代抗日文学作品。

在九一八事变之后，萧军有过组织抗日义勇军的经历。但《八月的乡村》，却不是取材于这段经历，萧军说：“《八月的乡村》的素材，主要来自磐石抗日义勇军第一军的斗争，这是杨靖宇同志领导的，向我讲述第一军活动的是傅天飞，他是舒群同志的同学，亲身经历了第一军的斗争，他来哈尔滨联络工作时常来我家。他向我讲了磐石游击队的斗争情况。这是《八月的乡村》的取材。另一方面，我又根据自己的生活体验加以艺术改造，可以说是对东北沦陷后的现实的高度概括，我也没有专门写哪一军。我写这是代表他们的立场、方向。游击队打的是红旗，不是青天白日旗。其中的基本人物是工农，游击队一个领导者，队长萧明是知识分子，等到他因恋爱问题消沉、幻灭了，他领导的群众也起来了。基本主题是这个。对于其中那个地主王三，因为实在不能联合，他勾结日本人，和革命军也是死对头，而且杀了我们的人，那只好把他处死。这个，也不是犯了右倾错误，这是如实的描写。那是1932年、1933年，今天回顾一下，创作的基本方向大致没有错。”

从这段话，可以看出作家创作《八月的乡村》时，对“九一八”后东北人民抗日斗争风起云涌的现实，以及中国共产党人在抗日斗争中的领导作用，有清醒的认识。这是这部作品获得成功的重要原因。因此，《八月的乡村》出版后，被评论为“给了中国文坛一个新的场面，新的题材，新的人物，新的背景”，认为“这本书报告了中国民族革命的社会基础，在神圣的民族战争当中，谁是先锋，谁是主力，谁是可能的友军，谁是必然的内奸，它已经画出了一个大体的轮廓”。

接着谈到《八月的乡村》的艺术处理。作者特别举出两个人物来——

一个是农民出身的游击队战士唐老疙瘩。他恋着村中一个寡妇李七嫂，游击队奉命转移时，他不愿跟游击队走了，枪也扔了。萧军说：“按革命纪律来讲，铁鹰队长应当把他枪毙了。可是这样我写，犯了踌躇，我不愿意看见同志的子弹打进自己人的身子里去，是打死他，还是怎么办？这时敌人来进攻了。敌人来进攻时唐老疙瘩仍然跳起来去拿他的枪，被敌人打中，他死掉了，也就替代了革命纪律的执行。这个处理，我是进行了一番思索。”

另一个人物是萧明，他同朝鲜姑娘安娜恋爱。作者说，两人都年轻，都是知识分子，互相发生了感情是人之常情。要在平常是理所当然的，可是那时，是在游击队里，群众有意见，陈司令只好让他们分开。萧军强调说：“他们要恋爱，那时的环境不可能。我写了这个恋爱，又没让他们发展下去。革命不是什么好玩的事情，有些时候，在有些事情上就是要违背人情，严峻的现实生活就是这样，所以，唐老疙瘩是那么处理，萧明的恋爱是这么处理的。”

唐老疙瘩的死和萧明的失恋，都表明了游击战争环境的残酷，这两个人物的艺术处理，对于我们认识《八月的乡村》这部作品很有启发。文学上的现实主义，高度重视现实生活本身对人物行动的推动力量，人物的命运，应当从现实生活找到最合理的解释和有力的依据，并非作者随意驱使自己的人物活动，《八月的乡村》所反映的斗争生活，作品所提供的典型环境，不容许唐老疙瘩逃避斗争，逃避就是灭亡。残酷的现实比铁鹰队长更能执行它本身的律令，它也不允许萧明与安娜的恋爱发展下去。而比起数不尽的残酷战斗，这对青年人被斩断的恋情，只不过是他们在这场民族存亡斗争中的菲薄的牺牲。《八月的乡村》中这两处艺术处理，闪耀着现实主义的光芒。

《八月的乡村》出版时，国民党政府正推行卖国投降政策，不准言“抗日”二字，当时的报刊，连“东北沦陷”和“九一八事变”的字样也必须回避，由此可想见，《八月的乡村》这本抗日小说出版的意义。萧军回忆当时情形说：“那时蒋介石有明文规定，‘言抗日者杀无赦’。我是对准刺刀尖去的。当时有些人不敢这样。你不敢，我敢了，这一点就比你高明。”他的声调里蕴藏着一种不可抑制的激情，那使他对准刺刀尖去的青春热血，现仍在这位老人的血管里洄动着！我受了感染，禁不住称赞他当年的勇气，萧军却轻轻笑了：“什么勇气啊！有人管我叫亡命徒，说我是闯大运，老实讲，我那时只想，作品能让一个战斗者读到，我就满足了。我有点实用主义，革命需要它，能达到目的就完，别的怎么样我不考虑，我写任何作品都是这样。”

的确，“革命需要它”。批评家刘西渭当时就着重指出：“《八月的乡村》来得正是时候，这里题旨的庄严和作者心情的严肃喝退我们的浮逸。”他称这部作品是“一种光荣的记录”。历史未辜负这位作家献身的勇气与热情。

“这是一条路”——谈东北作家群

对东北作家群，萧军发表了重要的见解。他强调东北作家群形成的时代环境和作家的政治倾向，他说：“当初我和萧红是从哈尔滨经青岛到上海，在鲁迅先生领导下走上文坛的。这是一条路。这条路是我和萧红首先闯出来的，这之后，原来在哈尔滨的熟人，舒群、罗烽、白朗同志等都陆续来到上海，还有其他作家，于是在上海形成了东北作家群，有十来个人。在创作上的共同倾向是以写抗日为主，不管直接写抗日，间接写抗日，这是一个特点，这也是当时时代的要求。”

“应该怎样评价东北作家群在现代文学史上的地位呢？”我问了一句。

“重要的是政治地位。不是作品有多高的水准，还不能这样说。我们有中国现实，能对当时的民族解放尽过一定的力量，我认为就好，当然不隐瞒我们技术上的幼稚，你想创作不朽的作品，办不到。能不朽到什么程度，每个作家都有自己的时代任务，现实条件不同，各有各的成就，一个作家能达到他的目的就得了。”

从这段话，我再次感到，萧军对于自己的时代有强烈的使命感，他始终以战士的态度献身文学，在自己的创作中努力表达出民族解放的要求和为人民战斗的激情，这一点，提高了他的作品的时代意义。他并不着意在文学上追求不朽，他的作品，却作为时代的“光荣的记录”而流传了下来。这位老作家的宝贵经验，可以帮助我们认识中国现代文学的战斗传统。

在艰难与逆境中

萧军的生涯，交织着艰难的奋斗和逆境中的考验。他早年流落哈尔滨，身无分文，三餐不继，同萧红一起开始了文学活动。萧红的散文《商市街》生动描写了这段生活。当我提及这部作品时，萧军说：“那是我们生活的记录。”他对萧红——6年共同生活的伴侣，一个有才华的作家，表示了他的怀念。又说：“我们两人的性格不同，萧红说我有一颗‘强盗的灵魂’，我说，不错，我是有‘强盗的灵魂’，要不这样你我都要同归于灭，我缺乏那种温良恭俭让的东西。如果我温良恭俭让，我也不会出版《八月的乡村》。”

萧军的性格，在反对旧世界的斗争中闪耀过光彩，反对军阀，反对日本帝国主义，反对国民党的反动统治……他说：“人不经过一些考验不行，‘文化大革命’中我说过，生死关头经过几次，人到这时候什么都不想了。我和萧红走出东北，在‘大连丸’上，日本特务看我眼不顺，把我带了去，我吧嗒一想：完了。完了就完了。我是宁死阵前不死阵后。要斗，斗垮了可以，你叫我俯首帖耳投降，办不到。”他还回忆了抗战时期，在武汉反抗过国民党的特务的绑架；在四川成都办《新民报》，对于国民党特务要暗杀的恐吓，他公开回答：“你随便来吧，‘资本’我有脑袋一颗，咱来个‘两手换’！”萧军爱用这个口头禅——“两手换！”意思是同敌人面对面，刀对刀交手，只要没斗垮还是干下去。在同敌人的斗争中，他的骨气够硬的。

他谈到“文化大革命”，运动一来就知道逃不脱，被关押两年，劳动改造六年，他却是敢反那个潮流的。他回忆当时的情形：“有人喊：萧军你站起来！我不站，我为什么要站起来！他们说：你是牛鬼蛇神。我说：我不是。后来打我，打也不是。我讲过，我如果认为对的，都来反对我，我还是坚持；如果我错了，你就是一个人发现我错，我马上承认，绝不含糊，也绝不拖泥带水。”讲到这里，他又回忆了1948年因《文化报》事件在东北受批斗的情形。那时他是众矢之的，却令人惊奇的坦然。他说：“那时我讲，你们只管斗，我不会少吃一碗饭，少睡一个小时觉。后来刘芝明对我也说，知道你不怕斗。”可是，从此身处逆境（还一度被停止过供给关系，他靠妻子儿女的供给生活）。前后30年，漫长而严峻的考验。他写小说，写京剧剧本，写历史故事……他准备在文学实在搞不下去时，学针灸行医，却从不对生活悲观（这是萧军的性格）。他始终坚信：“如果是一个人民所需要的作家，你是打不倒的，也是骂不怕的，你也诅咒不死的，也压不垮，淹没不了的。除非人民不需要你，那是另外一个问题。”

这几句话深深打动了我，作家在逆境中，他的作品却在读者中间流传，难道还能有比这更巨大的慰藉和更有力的精神支持吗！

访问结束，我谢辞主人，沿着什刹海往回走。岸柳青青使我不禁触景生情，萧军来自底层，道路漫漫，山穷水复，他却以九死不悔的精神传奉文学，奋斗不息，在古稀之年又迎来了新的春天。他多么像这普通平凡，极富生命力的柳林啊！我又想到，鲁迅称萧军为关东大汉，也许正是指他典型北方人的气质而言吧！

载《东北现代文学史料》1984年3月第8辑

萧军谈《八月的乡村》

谷兴云

根据笔者三次访问萧军同志的谈话记录整理，已送经本人审阅。

访问时间：

1979年3月3日；

1983年8月27日、9月15日。

访问地点：

北京后海银锭桥西海北楼萧寓。

我1933年开始写《八月的乡村》。写这本小说，根据的是磐石游击队提供的真实材料，加上艺术上的虚构，再加上个人的军队生活体验。我是作为宣传品来写的，为求祖国的独立，民族的解放，人民的翻身（这一点是后来有的思想），写出来发挥政治作用。艺术上是朽还是不朽，我没有考虑。这就是庄子说的"得鱼忘筌"的意思。只求纯政治的目的，连文法也不怎么管。从题材处理看，不可能细致刻画；那样写，气氛就不够。

别的作家写的相同题材的作品，多是记录性的；长的非记录性的，这是第一本，是唯一的。

（插问：舒群等同志是不是当时也写了同题材的作品？）

舒群同志写了《没有祖国的孩子》，是短篇的集子。

我写这本书是适应民族的需要，告诉我们：中华民族不会灭亡。小说中的人物，唱《国际歌》，打的是红旗，不是青天白日旗；它是反对国民党的。

起名的用意：我以“萧军”为笔名，和“萧红”名字合起来，就是“红军”。当时正是国民党第五次“围剿”时期，为了针锋相对，我们以“红军”为名。

那时也是日寇占领东北、进攻华北的时期，所谓“流”（记录、整理者按：指小说的第一章，此章标题为《流》），就是支流的意思。主流要有支流配合，对于全国人民的抗日运动来说，东北人民的斗争就是支流。所谓“准备明天”（按：指小说以“就是这样，——准备明天的罢！”为末章和结尾），就是准备展开全面抗战。

我在小说中，写了知识分子的作用。知识分子在革命中有各种不同的表现，有的很坚决，很勇敢；有的考虑个人问题多，甚至有所动摇，如萧明就是这样；还有的叛变投敌。革命斗争的实践，充分说明了这一点。

作家的创作，不是写历史，就是写预言；有的介于二者之间，是写历史，又是写预言。我写《八月的乡村》，就是要给人以信心，表明中国不会灭亡；但是，如果不战胜侵略者，也会灭亡。小说结尾，原来还有一些别的内容，出版时我删掉了。

小说出版后，发挥了不小的作用。参加抗日的青年，几乎没有不读的。当时的年轻读者，现在已经五六十岁了。被关押的“政治犯”“思想犯”“抗日犯”也读它，他们有的在监狱里把书拆开，一页一页传着读。董必武同志曾告诉我，他在长征途中的夹金山读到这本书，是鲁迅托人转送去的。

人民文学出版社这次再版（按：指人民文学出版社重排《八月的乡村》，于1980年10月出版），我写了新的《前记》，把一、二版的《书后》《感言》也放进去了，加上鲁迅的《序言》《三月的租界》。

这本书经我的手印过约一万本，都是非法的，自费的；当时在上海，利用了租界的特殊情况。

鲁迅说，在没有太阳的时候，我就是太阳，在没有火炬的时候，我就是火炬；当真的太阳、火炬出现的时候，我消灭了也甘愿。(按：鲁迅原话是：“此后如竟没有炬火：我便是唯一的光。倘若有了炬火，出了太阳，我们自然心悦诚服的消失，不但毫无不平，而且还要随喜赞美这炬火或太阳；因为他照了人类，连我都在内。”见《热风·随感录四十一》）它是当时对国民党放的第一枪，不能妄自菲薄，但也不能说得多高，重要的是政治意义。

鲁迅评论说，它的写作主要靠青年人的热情。我后来写的东西，在技巧上有所进步。

1983年8月4日整理　10月1日补充

载《东北文学研究丛刊》1985年第2辑

因为我强壮

——访著名作家萧军同志

王大平

萧军同志在20世纪30年代就已经蜚声文坛，不仅因为他的文学成就；他的行武经历，他威武粗犷的风度和性格，更使他增加了几分男子汉的魅力。

萧军同志家住在绿树掩映的水边，一座白色的小楼里，环境幽雅，萧老称它为“海北楼”。这是一座西式楼房，客厅里没有什么中堂，在一块相当中堂的墙壁上，挂着一幅挺拔的墨竹，一副对子，使客厅里显得十分雅致、高洁。

竹子出自管桦之手，画家在上面题下了：“你的清高显示了独立的思想和人的尊严。”黄苗子的对联写道：“血浇大树沃，戈返夕阳沉。”与众不同的是，字画没有裱在典雅的绫子上，而是裱在深沉的蓝底色上，与字画的内涵互为里表。

萧老看上去只有五六十岁，完全不像年近八十的老人，年轻时的强壮，从他敦实的身材，还依稀可辨。虽不修边幅，倒给人一种豪爽的气概，一种从容和坚定的感觉。

我看过萧老年轻时的照片，脸上的线条就像斧子砍过一样分明，丝毫不含糊，如今人老了，比起四五十年前，自然柔和了许多。但他讲起话来，思想上的线条却依然如旧，你似乎又在听他喊：我强壮……

弃武从文

其实萧军做孩子时并不强壮，他在解释习武的原因时说："老实讲，我小时候个子也不高，力气也不大，又好打架，打架又不能吃亏，于是就学武术。我11岁就开始练武术，也想去过河南少林寺。因此，遇到一个有点武艺的人就磕头拜师，结果真正的师父没有多少。开始我练花拳、长拳，后来我练形意、八卦、太极，西洋拳、东洋刀我都练过。年轻练长拳时，腰腿都蛮好的，那时也下过一些苦功夫，直到今天我也没怎么扔下，现在身体还很好，耳不聋、眼不花。"

萧老这几年不舞剑了，他说："这些年剑舞不动了，但现在每天腿、背、头、体各部分都运动运动，我知道这些部位怎么活动。人老了，不动动，各部分都会僵化的。我现在身体很好，从不闹什么大病，这是得益于年轻时的武功。我从武行转到文行，一转就是50年，50年来我从来没有放弃过练武。"

今天，萧老讲起50年前弃武从文的经历，依然连说带比画，兴致勃勃。他说："我原来是个军人，在东北陆军讲武堂学习，讲武堂的校长是张学良。那是九一八事变以前，我上的是讲武堂第九、十合期，就在我将要毕业的前一天，被学校开除了。原因很简单，我替一个同学打抱不平，把第一队队长，一个叫朱世勤的人，差点拿铁锹劈死。要不是旁人把我拉开，我真能把他劈死。结果讲武堂军法会审了我一通，把我圈了起来，住了禁闭，最后被学校开除了。

"东北讲武堂开除我以后，我就又回到我的母校，东北宪兵教练处，我是从这里考上讲武堂的。我自小喜欢武术，宪兵教练处里有手枪术、摔跤术、武术，就为这我接受了宪兵训练。我回到宪兵教练处后，人家告诉我，这里正需要一个助教，教军事操、教武术。正合适，我是正规科班出身，军事操、点分令我都懂，我们那个教官又很器重我，我就在宪兵教导处当了少尉助教。

“九一八事变，我亲耳听见，亲眼见到，日本人的炮弹，从我们头上呼啸而过。当时，我想把学校教学用的200多支枪拉出去，参加义勇军，结果被学校大官臭骂了一顿。那时我在学校官最小，年龄也最小，又是学生出身，人家骂我只好硬着头皮听着。那个当官的说：‘你懂什么，我们到北京去找张学良，不久就回来。’当时他们搞的是不抵抗主义。我说：‘好，你们去吧。’我便去了呼兰县，那里有我一个朋友，他是个营长。我想去那里把他的队伍拉上山。结果他手下的两个连统统叛变了他。我们只好逃亡到哈尔滨。从这以后，我开始写文章，1932年才认识萧红。”

因为我强壮

萧红原名张迺莹，也是在20世纪30年代就成名的小说家，萧军同志的前妻。曾与萧老合作写过《跋涉》集。著有《生死场》《呼兰河传》等，描写东北农民的悲惨生活和抗日斗争，文笔细致、明朗。在别人眼里萧军和萧红的离异，同他们的结合一样，充满了罗曼蒂克色彩。

从萧老自己的解释来看，他强壮的体魄，至少是他们分手的诱因。他说：“抗日战争爆发后，我准备去打游击，再没有心思写文章了。因为我是军人出身，总憋着一股劲，心想我要是去打仗，比弄笔总要好得多。但萧红不同意，她也是好意，她说：‘你打仗可以，但死了你一个人，不见得中国能如何，你终究是有成就的，有才能的作家，你还是应当写作。’我说：‘现在没有这个心情。’最后我们两人吵翻了。我说：‘你走你的路，我走我的路。’我跟山西民族革命大学走了，准备到必要的时候，就领学生去打游击。萧红、丁玲和聂绀弩到西北战地服务团去了。”

萧军同志在《从临汾到延安》一书中，曾这样记录了他们的分手原因：“就这样决定了：让他们去运城，我留在临汾，一定要看个水落石出才能甘心——我比他们强壮。”书中还有萧老这样的誓言：“我一直强壮到我的死，我一直要像一颗饱满的皮球跳跃着活下去，要像一颗不经琢磨的金刚石，永久保持着它的棱角。”

正像萧老的誓言，强壮和棱角他一直保持到现在。

“决斗”

萧军和张春桥“决斗”早已不是什么新闻了。当然，这不是真正的决斗，只能算是一场较量，一场勇敢和力量的较量。在较量中萧老用武力捍卫了他的老师——鲁迅先生的尊严。

1937年鲁迅先生逝世后，萧军极端悲痛，师生一场，情重如山。为了祭奠先师的亡灵，萧军在鲁迅的墓前烧了一些杂志。这件事本来与张春桥毫不相干，他却借题发挥，尽污蔑之能事，报一箭之仇，鲁迅当初曾批评过他。萧军当时年轻气盛，自然忍不下这口气，于是就爆发了“决斗”事件。

萧老告诉我：“张春桥写文章，说我是鲁门家将，是鲁迅的孝子贤孙。我想家将就家将吧，孝子贤孙就孝子贤孙，我也无所谓。他们说我烧刊物是洋迷信，还连讽刺带挖苦地牵扯到了鲁迅先生，我实在忍无可忍了。我也没有小报，也不想写文章打笔仗，我就找到他们编辑部去了。这是文艺、新闻性小报，是张春桥同马吉蜂合办的。我进门就问，文章是谁写的。马吉蜂说是他写的。我说：‘好啊，我也没有工夫和你们写文章干仗，我自己也没有小报。咱们这样办，来个实际解决，我们打架去吧。如果你们打胜了我，你们每天骂，我不管。如果你们被打败了，从此以后，给我住笔、住口，要是再写，我就揍你们。’

“上海拉都路南头，过了臭水沟，有一块已经割了草的地。我邀他们俩，晚上8点钟在那里较量。我那时还没有和萧红离婚，萧红怕我吃亏，就和我一起去了。路上我们碰见了聂绀弩，萧红对聂绀弩说：‘萧军要和人家打架，你劝劝他。’聂绀弩说：‘我们跟去看看好了。’当时，我还预备了一个铁棍子，萧红怕我打死人，把铁棍子夺去了。

“大约在8点左右，张春桥和马吉蜂来了。那时我把他们看成是左翼方面的人士，也不想往死里打他们，只想教训教训他们。所以也不斗拳，摔跤吧，表示表示力气。第一跤，我同马吉蜂摔。我一下子就把他撂倒了，在他头上打了两拳。他待了好一会儿才爬起来。我说：‘来第二个回合吧。’第二跤我又把他撂倒，这回我打了他三拳，他不起来了。正在这时候，法国巡捕来巡逻，拿着大电筒照我们，他以为我们在打架呢。‘你们在干什么呢？’我赶紧说：‘练习摔跤呢！’巡捕听后走了。巡捕走后，我问马吉蜂：‘还打不打啦？’

“‘不打了！’马吉蜂连连说。

“‘不打好，你回去，你再骂，我还揍你。’张春桥始终在旁边观战，没敢动手。后来，马吉蜂到处吹牛，比武他打胜了。有一次塞克当着我和马吉蜂面问：‘当初到底谁打胜啦？’马吉蜂只好认输了。”

萧老的架早就打出了名，与他的文学成就比，哪个更出色呢？拿萧老自己的话说：“我打的架比写的文章多。”从历史的观点看，这场架的分量绝不亚于一个长篇小说。

西洋拳

一些文章中曾讲过萧老练西洋拳的事情。这次萧老谈的要更详尽，细节稍微有些出入，年代久了，这也是正常的事。

“我有个朋友叫唐豪，是专门研究体育的。他在体育史学界、武术界都相当有名气，其实他的武功并不怎么样，理论嘛，的确有一套。他用新的辩证唯物主义观点研究体育，写过《太极拳》《武当拳》。我们通过信，互相寄过照片。新中国成立后，唐豪到国家体委工作，还是我写信给贺老总推荐的。

“我们俩认识还是‘九一八’以前的事，那时他在南京国术馆，任编审处处长。我在东北宪兵教练处，当少尉助教。因为他那个国术馆要招收一批学员，我觉得自己真够资格。第一我是正式军官学校出身，第二我有武术基础，第三我年龄合适。我就同唐豪联系，预备考他们南京国术馆，一个什么训练队，记不清了。这时正赶九一八事变发生，我们失去了联系。

“‘九一八’后，我到上海。有一次，正好路过罗坡赛路，突然看到190号门牌上写着：唐豪律师事务所。咦，这不是我朋友吗？我就推门进去。因为我们互相赠寄过照片，虽然没有见过面，还是能相认。唐豪住的是个三层楼，有前后楼。他住前楼，安排我住后楼。一天，南京国术馆教官朱国真（音），到上海买拳击手套，来唐豪家串门。唐豪就让我和朱国真来场友谊比赛。我只练过中国拳，没有打过西洋拳，人家只轻轻点了我一下，我就吃不消了。后来嘛，打得我爬楼梯时，浑身都痛、都费劲。朱国真劝我学学西洋拳。正好上海青年会，一个姓陈的华侨教西洋拳，我就每天晚上去学。这个陈教练，个子不高，蛮灵巧的，鼻骨也摘掉了。有一次，他试验我的出拳力量后说，你的手很有力量，是不是练过中国拳。

“一天，我和一个对手练拳，他大概是什么体专的，个子比我高，也比我魁梧。那时，我很瘦，不到30岁。西洋拳有规矩，可以打胛骨、下巴、前胸，但不能打后背，打腰以下的部位。可是这位老兄，上来就打我耳根子。我说你怎么犯规矩啊？他是个广东人，讲话‘囔囔’的，我也听不清。‘好啊！’我暗暗对自己说。第二天，我俩又一起练拳。那时打拳讲究脱了衣服，穿小裤衩打。他一拳打过来，我一转身，把他的拳轻轻拨过去，使出了浑身力气，照着他的后脖颈子，‘嘿’地狠狠地来了一下子，把他打趴在地上。我说：‘你那样，我也那样，以不规矩对不规矩。’以后他再也不和我打拳了。”

萧老为这一下子，也付出了“惨重”的代价。“那次我用力过猛，戴手套时，手里忘记缠纱布了。一拳下去，打倒了对方，也伤了自己的手指，到现在这个手指还伸不直。”说着萧老伸出了右手，果然无名指第二个关节，有个永远伸不直的弯。他看着受伤的手指，纵声大笑。天晓得他在笑什么。笑自己年轻时的鲁莽？倔强？总之笑声中没有丝毫懊悔。

自制宝剑

编辑部要给萧老拍照片，我要核实采访稿中的人名、地名，二回登上了“海北楼”。

萧家墙上，十字交叉，一红一绿，挂着两把正宗龙泉宝剑。但拍片子时，萧老偏偏不用，不知从什么地方，翻出一把自己攒的铁剑。实在不敢恭维，这哪里是什么剑，分明是一根铁棍子，镀上铬，算是剑身。随便弄个破铁疙瘩，涂上金粉，算是剑柄。说不好听的，这玩意儿扔了也没人捡，老人还挺宝贵，不但弄了鞘，还做了个人造革剑套，缝上拉锁，保护得严严实实，抽出来还没完没了地擦个不停。可墙上那两把蛮威风、蛮漂亮的龙泉，老人偏偏不待见。拍片子还是应像个样儿，我就爬上床，把那受冷落的龙泉摘下来了。谁知萧老擦干净后，又固执地让我挂上去了，没法子，我只好让步。

萧老一边抚弄着那根“铁棍”，一边对我说：“‘文革’前我有不少好剑，‘文革’中被抄走了，‘文革’后也不见踪影。”这把剑是萧老的儿子做的。把门框上的两根铁条拆下来，铆在一起，算是剑身。又把门上的两个装饰铁块弄来当剑柄。剑鞘是用玻璃纤维粘的。这剑、这鞘、这套，丑归丑，看上去还挺结实。同时也看得出，我们的“铸剑人”是在非常艰苦的条件下，挖空心思做成的。他的态度也已经说明，这“剑”里若没有心酸、希望和火一样的爱，老人又何至于这样固执呢。

萧老的经历要是自己写写该多精彩，我又碰了个钉子。“我曾经说过，我做文章有四个目的，一是求得祖国的独立，二是求得民族的解放，三是求得人民的翻身，四是求得社会的平等。现在这四个目的都达到了。我就没有必要再做文章了。”

既然萧老不愿写，我只好将记录如实整理出来，献给亲爱的读者。

载《体育文化导刊》1986年第1期

老作家的诤言

——访萧军

史继中

冬末的一个下午，在位于后海北沿的一座旧式小阁楼内，我叩开了老作家萧军寓所的房门。

“你找谁?”开门的是萧老的夫人。

“我是学习与研究杂志社的编辑，来请萧老写文章。”我礼貌地向她自报了家门。

“萧军因年事的关系已宣告封笔，不再写文章了。不过，你如果想找他谈谈，还是很欢迎的。”萧老夫人将我让到客厅，客气地对我做了解释。

“那好，我就访问访问萧老吧。”我顺着她的话茬，改变了请求。

萧老夫人把萧老从卧室内请了出来。他好像是刚刚睡过午觉，精神很饱满，步履也十分稳健。

“你好!”萧老笑着伸出手。

“您好，萧老!”我赶忙从座位上站起，迎过去与他握手。握手之际，我感到他的手很有力，不像一般的老人。

“您可真不像是80岁的老人。”

“没错！整80岁，1907年生人。”

我们之间的谈话就这样开始了。

萧老是位胸襟宽广坦白、阅历深厚、快人快语的风趣老人。他和我谈话，内容涉及得很广泛。他谈了他是怎样在哈尔滨开始的文学创作活动，后来又怎样与共产党员和进步青年共同开展革命文艺活动；也谈到了他的著名长篇小说《八月的乡村》，以及他与鲁迅先生的最初通信、最初会面和以后的密切过从、深厚的战斗师生情谊。他还和我讲到他1936年第一次到北京时，北京留给他的最初印象，以及新中国成立后他在北京后海之滨所度过的30多个春秋，等等。总之，在不到两小时的谈话中，他不仅在我的脑海中留下了深刻的印象，也让我在我的采访笔记本上记下了不少令人回味无穷的有益诤言。

萧老正式开始文学生涯是在1932年，次年与萧红在哈尔滨出版短篇小说合集《跋涉》；1934年11月他带着长篇小说《八月的乡村》的手稿到上海与鲁迅会面，鲁迅亲自为这部小说作了序，称赞它是一部很好的书，并积极帮助出版。从此以后，直到鲁迅逝世，萧老一直是鲁迅的忠实学生。

萧老一生景仰鲁迅，他在讲到与鲁迅的师生之情时说："我景仰鲁迅，追随鲁迅，主要是我们之间有共同的理想和信仰，就是要把祖国的独立、民族的解放、人民的翻身看作自己奋斗的目标。鲁迅晚年，在中国共产党人的身上看到了民族的希望，我作为鲁迅关心的学生之一，自然与鲁迅先生的心是相通的。所以我一生都相信共产党。"

讲到鲁迅，我插了一句话："现在有人讲，鲁迅先生是主张全盘西化的，您怎么看?"

"无稽之谈！鲁迅如果主张全盘西化，他怎么会总是穿一件中式大褂或棉袍?"说罢，他大笑了一通之后，又不无嘲讽地继续说："其实，主张全盘西化的人，我在旧中国见到的多了。我小的时候，最痛心的就是总听人家讲那个'洋'字。什么'洋米''洋面''洋油''洋布''洋炉子''洋伞''洋蜡''洋火'……什么东西前头都要罩上个'洋'字，好像中国人离开了洋人就没法生活。现在中国人好不容易把'洋'字给摘掉了，偏偏有人又愿意把它请回来。其实，在我看来，主张全盘西化的人，大都多少有点殖民地人的意识。(20世纪）30年代的上海就是一个殖民地色彩很浓的城市，我在那里生活了几年，见到不少这样的人。鲁迅很看不起他们，许多有民族自尊心的人也看不起他们。当然，对于西方的进步的科学技术，包括一些对我们有用的好的东西，我们也不反对拿来，不过，目的一定要明确，必须是为了促进四化建设，而不是要去走资本主义道路。所以，搞全盘西化是不行的。难道资本主义社会的奸盗邪淫也可以吸收进来吗？中国不需要这些东西。"

"您讲得很对，可现在确实有人认为，我们的社会主义不如资本主义。"我说。

"如不如要看事实。我今年80岁，一生经历了军阀时期、伪满时期、国民党时期、抗日战争时期，我还到过延安，新中国成立后也受过多年的冤屈，甚至'文革'期间还被'四人帮'关押劳改了若干年，可以算得上是中国现代历史的一个见证人。但我始终认为只有中国共产党是中国的前途和希望，也只有在中国共产党的领导下搞社会主义才是中国的唯一出路。当然，我也不否认在我们的实际生活中，有许多不尽如人意的地方。党也有过失误。可是，任何一个有历史眼光的人都懂得这一点，大江大河是经过曲曲弯弯的河道最后才能归入大海的，搞社会主义也不可能笔直前进。"

萧老在谈这段话时，还给我说起北京大学吴组缃教授说过的一个相当幽默的比方。他说："生活中有的老人，有时要让老伴给自己到后背挠挠痒痒，老头在前面指挥，老伴在后面挠，左边右边、上边下边地指挥好多次，才能挠到痒处。你想想看，连挠痒痒这样的小事情，都要犯上一两次'路线'错误，何况领导十亿人建设社会主义这样的大事情，谈何容易！"

这个比喻把我和他的夫人都逗乐了。

"现在有的人喜欢凭直觉看问题，稍不顺自己的心，就横挑鼻子竖挑眼，不负责任地乱发议论，说社会主义这不行，那不行，我真不知道这种人了解不了解中国的历史。"萧老有些激动，从他的神情看，显然，他对这种人很反感。

“我始终认为，对我们国家，对社会主义制度，一定要全面地看，而且要发展地看，比较地看，不能只见树木不见森林。世界上任何事物都有个发展过程，不能想当然地急于求成。我今天说共产党好，说目前安定团结的局面是我国历史上从来没见过的，并不是没根据的应和，而是从我80年来的生活经历中总结、比较出来的。”

“是的，您的亲身体验是十分有说服力的，对我们今天的年轻人很有教益。”

“有教益就好。我现在老了，精力有限，不能再做更多的工作，应该由你们年轻人去干了。所以，我希望年轻人应当有理想，有实干精神，切莫只考虑自己的个人利益，不考虑应当肩负的社会责任。我记得，我自己十七八岁时，由于生活在民族危亡的时代，所以成熟得早，总觉得自己是个大丈夫，应当为人间抱不平。于是，就唱着‘起来，饥寒交迫的奴隶’的歌，与反动派进行斗争。我25岁写《八月的乡村》，鲁迅逝世时我也才29岁，但已能担当起有一万多人参加的出殡游行队伍总指挥的重任。今天，我们国家富强起来了，人民当家做了主人。党又在领导我们搞四化建设，正是需要人才的时候，年轻人应当把自己的才智全部用在四化建设上。如果问我对年轻人有什么希望的话，只有一个，就是希望他们别忘了建设具有中国特色的社会主义，使我们中华民族早日腾飞起来这一个总目标。我这一辈子是该做的都做了，自以为没留下什么遗憾。你们呢？你们应该比老一辈人干得更出色，担负起时代交给你们的重任！”

…………

采访结束之后，我伫立在黄昏中的后海岸边，望着远处西山上空熔金一般的落日，想起萧老的一番诤言以及他对年轻人的嘱望，我的心很久未能平静……

载《前线》1987年第4期

端木蕻良谈《曹雪芹》

陈　诏

7月下旬，端木蕻良先生在哈尔滨松花江畔的友谊宫出席全国《红楼梦》学术讨论会，我有幸躬逢其盛，也参加了这次会议。一天晚上，在端木先生的卧室里，我与他灯下长谈，话题就是长篇小说《曹雪芹》。

近年来，68岁高龄的端木先生患冠心病，常常缺氧头晕，身体比较虚弱。但是作家的高度的责任心促使他勤奋不懈地坚持写作。现在，《曹雪芹》上卷已经问世，而且在短短几个月中一版再版，仍旧供不应求。当我谈到读者的强烈反响时，端木先生疲乏的脸上露出了欣慰的笑容。他告诉我，自从上卷出版以来，他已经收到诸亲好友和各地读者的来信共达一百余封。有赞许鼓励的，有诚挚地提出意见的，有要求代购此书的，也有对小说中的人物命运表示关切的，有一位千里迢迢的读者写来一封热情洋溢的信，并且提了一条意见："千万不要让金凤死得太早！"

端木先生微笑地说："开始的时候，我在香港《文汇报》上连载《曹雪芹》初稿，心里实在没有多大把握。后来北京出版社要出书，作为新中国成立30周年的献礼，我也是作为征求意见稿同意发表的。没有料到，上卷出版后读者竟然批准这本书，给了我以热情的支持。我很感动。我只有衷心地感谢读者。我也勉励自己，决心集中精力地写下去——只有这样，才对得起读者，对得起曹雪芹!”

这时候，端木夫人钟耀群同志端来了茶，我们边喝边谈，话题转向《曹雪芹》的中卷和下卷。端木先生告诉我，他现在每天凌晨四五点钟就起床写作，直写到七八点钟吃早饭，休息，散散步，回来后继续写。下午，一般都要接待来访的客人，晚饭后看看电视新闻，然后写到10点多就寝。一天工作六七小时，中卷已完成三分之一，约十几万字。

他说：“中卷将要展开故事的主要情节，着重塑造曹雪芹的性格，其中包括恋爱悲剧、家庭变故和交游活动等等。”

但是，作为历史小说，曹雪芹青少年时代的史料特别稀少，小说如何来填补这个空白，这是一个重要问题。端木先生认为，没有史料，固然有困难的一面，但另一面也给作家以驰骋想象的有利条件。所以他在经过一番对《红楼梦》和脂砚斋批语的深入研究后，终于找到了一条曹雪芹思想性格的主导线索。

他说：“据脂砚斋透露，曹雪芹对贾宝玉这个小说人物曾经下过评语，叫作‘情不情’。根据我的理解，所谓‘情不情’就是指贾宝玉与世俗人的思想感情完全不同，凡是世俗人心目中的‘世情’‘人情’，在贾宝玉看来却是‘不情’。这实际上正是曹雪芹的‘夫子自道’。我们知道，曹雪芹对明代大剧作家汤显祖的戏曲极有研究，也最能领会其精神实质。‘情不情’的说法就是从汤显祖那里来的，汤显祖的著名剧本《牡丹亭》，在《红楼梦》里屡被引用，我猜想，杜丽娘和柳梦梅这两个勇于向封建婚姻制度挑战的剧中人，是曹雪芹心灵中崇拜的偶像。但曹雪芹所塑造的贾宝玉和林黛玉的艺术形象，却比汤显祖笔下的杜丽娘和柳梦梅有更高的思想境界，有更深更强的现实意义和教育意义。”

端木先生接着说：“所以我刻画曹雪芹的思想性格，就是根据‘情不情’的路子。曹雪芹的爱情故事，绝不能是一般的爱情故事。它既有一定的现实基础，又不落俗套。悲剧是必然的，但又不是世俗人想象中的一般的悲剧。”

关于曹雪芹的活动空间，曾经成为端木先生大伤脑筋的一个问题。因为《红楼梦》里有一个大观园，使人联想到曹雪芹在青少年时代必然也有一个类似大观园的山山水水、亭亭院院的生活地点。这个现实生活中的大观园到底在什么地方？在北京，在南京？还是在苏州？——这个问题红学界历来有争论，很难臆断。端木先生经过一番研究以后，决定少年时代的曹雪芹安排在南京织造府内的西花园里；曹家抄没以后，曹雪芹迁到北京居住，于是曹雪芹的记忆中又把大观园从南京搬到北京。总之，他认为《红楼梦》里大观园的景色，有南北掺杂的现象，其原因就在于一部分是生活真实，一部分是作者的想象和回忆，所以两者有时候是互为矛盾又互为补充。

谈到曹雪芹的交游，端木先生认为，曹雪芹的姑表兄、平郡王福彭是一个对曹家的兴衰有影响的关键人物。上卷安排曹雪芹做福彭的伴读是有用意的。福彭死得较早，对曹家不利。曹頫革职抄家并没有犯什么大罪。为什么曹家后来一败涂地，曹雪芹潦倒落魄呢？根本原因是曹雪芹孤傲自负，不愿去巴结权贵，不去攀龙附凤。所以最终从封建贵族阶级中落荒，成为背叛名教的“孤臣孽子”，走向市井的行列。

端木先生着重指出，织造这一官职，跟商人、工人都有关系，特别是曹雪芹的祖父曹寅，做江宁织造很久，南京的人给他立过生祠，说明他是比较接近人民的。因此曹雪芹有一些市井朋友并不奇怪。到北京以后，曹家地位下降，曹雪芹与市民阶层有更多的接触，最后在西郊落户，在人民群众中找到归宿。前人批评他“不情，不学，不孝”，从一个侧面反映了他的叛逆性格。他写《红楼梦》是为了把自己坎坷不平的生活历程曲折地反映出来。他写得比较早，从创作准备到定格，大概超过10年时间。

红学界争论问题之一——曹雪芹是不是做过两江总督尹继善的幕客，端木先生倾向于有一些瓜葛。他认为，曹家与尹家在当时都是满洲豪族，通谊是极有可能的。尹继善是一个办事干练的官僚，比较重视人才，与曹雪芹有合作基础。特别是曹雪芹如果不做尹的幕客，就不大可能重到南京。

对于传记小说的创作方法，端木先生特别强调在史料基础上进行文艺创造的重要。也就是说，既要依据史实，也不偏废合理的虚构。譬如早期《红楼梦》抄本中有两个神秘的批注者——脂砚斋和畸笏叟，他们的身份是《红楼梦》研究中的一个谜。但在端木先生的长篇小说中却大胆地假定脂砚斋是曹雪芹的远房叔叔；畸笏叟是曹雪芹的另一位亲戚。作者特别声明："这是小说，不是曹雪芹的传记，更不是考证文章。尽管红学家们可以提出种种异议，但这并不妨碍小说中有这样两个人物，他们赞助曹雪芹写《红楼梦》，并参与修订、校点和批注等工作。至于最后考定他们究竟是谁，那是红学家们的事情。"

在《曹雪芹》的中下卷里，将展现中国封建社会末期广阔的社会背景。除了统治阶级内部斗争以外，还将出现白莲教、会道门利用宗教进行秘密活动的场面，预示着农民起义的风暴即将来临。当然，创作经验极其丰富的端木先生将把这些内容交织在故事情节之中，而不会做教科书式的政治图解。

端木先生对《红楼梦》后40回有他自己的看法。他说："后40回漏洞很多，确实不是曹雪芹的手笔。但不能排除程伟元、高鹗等人看到一些曹雪芹残稿的可能性。其中如'黛玉焚稿'等章节还是写得好的。然而我们应该有勇气另写续书，完成曹雪芹的遗愿。"他告诉我，他已经接受红学家陈毓罴同志的建议，先续一回，写入小说中。所以，不久的将来，我们将看到端木先生续的面目一新的《红楼梦》第八十一回。

端木先生还透露，他目前正夜以继日地写《曹雪芹》。中卷争取在今年年底完稿，洋洋100万言的全书可能在明年全部完成。谈到这里，他感慨地说："《红楼梦》太高了，曹雪芹太伟大了，尽我毕生的精力，恐怕也不容易写好。朋友们、读者们对我的期望是可以理解的，但同时我也期待着各方面对我的帮助和支持！”

夜深了，我不得不向端木夫妇告辞。走到门口，端木先生突然想起一件事，他说：“请你在报上转告一下，李芸这个小说人物不会很快就消失，特别是金凤也不会马上死去，她们在后半部里还要出现，还有大段故事。请关心她们命运的好心的读者放心吧！”

载《解放日报》1980年8月28日

访作家端木蕻良

胡文彬

3月的北京，风和日丽，春意盎然，我来到了长篇小说《科尔沁旗草原》的作者端木蕻良同志的寓所，访问这位著名的老作家。

端木同志是文坛上的一位老将。早在40年前，他的许多作品，如《科尔沁旗草原》《大地的海》《浑河的急流》《新都花絮》《憎恨》等长短篇小说和优美清新的散文，就给人们留下了深刻的印象。今天，在粉碎"四人帮"后的新长征的路上，端木同志同许多老一辈作家一样，怀着真实的欢快心情迎接文艺春天的到来。

端木同志是在什么时候和由于怎样的原因开始写小说的，这是我和许多青年读者迫切想知道的问题。对此，端木同志略加思索之后，详细地向我做了介绍。

大革命失败后的第二年——1928年，刚刚17岁的端木考入了著名的天津南开中学。由于他有着优异的组织才能，在中学时就先后担任了学术观摩会主席、南开美术学会会长、南开义塾校长等职务，并编辑了南开《双周刊》。在业师陈虞荪、田聪等人指导下，他还组织了"新人社"，出版了《人间》和《新人》杂志，发表了《力的文学宣言》。端木同志回顾这个时期的学生生活时说："在伟大的五四新文化运动和文学革命思潮的影响下，我对当时的《晨报》副刊上介绍的外国大作家的优秀作品感兴趣。我特别喜欢巴尔扎克和托尔斯泰的作品，因为这些人的作品有强烈的民主主义思想，在艺术上具有场面宏阔、景物描写细腻、人物刻画深刻的特点。这时期国内的许多新文艺刊物，如《莽原》《十字街头》等，我也很留心。五四时代的著名作家鲁迅、郭沫若、茅盾、叶圣陶、王统照等人的作品和陈伯吹办的《小朋友》对我都产生过强烈的影响。茅盾同志的小说《子夜》，我以为是近代长篇中结构最严密的一部。从这部杰出的小说中，我学习了怎样安排人物出场，怎样伏笔等写作技巧。郭老的《女神》《星空》我也很喜欢，从中接受了浪漫主义的描写方法。他们都是我走向创作道路的引路人和启蒙者。1931年上半年，我在《新人》上发表了自己的处女作——短篇小说《水生》，从此，我就和小说结下了不解之缘，一直到今天。”

端木同志特别强调好的作品必须来源于生活，即如他的作品中的那种爱国思乡的情感，也是他的实际生活和斗争的产物。

端木同志原名曹京平，于1912年8月15日出生在辽宁省昌图县鹙鹭树村，并在这里度过了他的童年。他说：“很早以前，我的家乡叫作‘昭磨’，聚居着汉族、蒙古族、回族、朝鲜族等几个民族的人民。清代，它隶属于洮南昌图道，太平天国革命那个时期它属于僧格林沁的领地。那里有个达尔罕五王府，住着金五老爷一伙大封建主，他们直接统治着这块土地上的穷苦的农牧民。这个地区开发很早，经济比较发达。清道光年间，广东、河南、山西、江浙一带的商人就往来经商，建立‘跨省公司’。听老人说，当时有广字号和聚字号的店铺经营茶叶、药材、笔砚等南方来的商品。随着南方老客北来，维新派和孙中山的民主主义思想也传入了这个世袭的封建领地，撞击着每一个人的心灵。我的父亲曾经到过广东，在那里接受了新思想，有点维新党的味道。我的母亲很会讲故事，她那丰富而形象的家乡话，对我后来写小说得益甚多。”

端木同志对自己故乡的热爱，这是我早就知道的，他在《土地的誓言》一文中就曾这样写道：

土地是我的母亲，我的每寸皮肤，都有着土粒，我的手掌一接近土地，我的心便平静。我是土地的族系，我不能离开她。在故乡的土地上，我印下我无数的脚印，在那田垄里埋葬过我的欢笑，我在那稻棵上捉过蚱蜢，那沉重的镐头有我的手印，我吃过我自己种的白菜，故乡的土壤是香的。在春天，东风吹起的时候，土壤的香气，便在四野飘起。我为它战斗到底。比拜伦为希腊更要热情。

正因为如此，当1931年日本帝国主义发动九一八事变，侵占东北大片土地，蹂躏世世代代生活在这块土地上的人民的时候，他忧心如焚的心情就不难理解了。端木同志说："九一八事变后，在国家受到异国的欺凌时，每一个有爱国心的中国人怎能坐视不动呢？当时我在南开中学组织'抗日救国团'走上社会，宣传抗日救国的大道理。学校当局阻止我们的活动，要我们回到教室里去读书，我们就和他们斗争，结果被开除了。于是我从天津来到北平，考入清华大学历史系，继续参加救国活动，到热河、绥远一带抗日军队中服务。后来，参加了一二·九运动，再后便到上海从事写作去了。"

端木一口气讲完自己的这段战斗的历程之后，停了片刻，然后说道："我爱故乡，不仅是因为她那神话似的丰饶，难于置信的美丽，异教徒的魅惑，使人不能忘记她，而且还因为故乡人民的粗犷、剽悍、勤于劳动、富于反抗斗争精神感动着我。在写作上，我受'为人生而艺术'的影响很深，但是我的创作是严格遵守现实主义的方法的。为了写好科尔沁旗草原上的三代人，不使许多细节的交代影响画面，我有意识地用了蒙太奇的手法，这样似乎更加干净利落些。这是我在写作《科尔沁旗草原》时与以往的小说家们所惯用的手法的一点不同之处。"

"那么，《科尔沁旗草原》写的就是你的故乡吗？小说中的人物和事件都是真的吗?”乘端木同志喝茶之机，我失口问道。

他爽朗地笑起来，然后郑重地告诉我：“不，《科尔沁旗草原》这部小说是以我的故乡为背景，小说中的地理环境、经济状况是真实的，义勇军实际上是写的赵尚志领导的抗日联军，也是真实的，但是其他人物都是虚构的，如同《科尔沁前史》《初吻》《早春》一样，只是保留我的家世中的某些影子而已。《科尔沁旗草原》是想通过对科尔沁旗的首户丁家这个大财主的描写，揭露东北的大地主怎样利用商业资本收买地，怎样欺凌农牧民，怎样残酷地剥削佃户，又是怎样利用封建迷信去巩固其统治权力，用以说明东北大地主的发家史以及他们与农牧民之间的尖锐的阶级对立。”

大革命的时代，造就了无数革命家，也造就了一大批诗人和文学家，端木同志的经历说明了这一点。正是在这一时期，端木同志以笔为武器，参加了中国共产党所领导的中国人民的轰轰烈烈的革命斗争。继《科尔沁旗草原》之后，端木同志又写出了《鸶鹭湖的忧郁》《浑河的急流》《爷爷为什么不吃高粱米粥》《遥远的风沙》《憎恨》等作品，通过这些作品真实地记录了东北人民所遭受的苦难和所进行的抗争，反映了中国人民的强烈的抗日要求，具有深刻的时代意义，为赢得抗日战争的胜利做出了自己的贡献。

40多年前，端木同志从“天下第一义勇军”的老北风的义旗上看到了飞腾的火光必将燃起燎原大火，预言：“不久，天必须得亮了。”这一天终于来到了！1949年，中华人民共和国成立了！晨光终于战胜了黎明前的黑暗。端木同志在经历了千辛万苦之后，回到了北京，从此，他的手掌又接近了大地，嗅到了泥土的芳香，去播种新的艺术的种子……

我们谈了一上午，大多是谈的过去。未来做什么，端木同志没有言及。所以我就向他提出：“听说您正在写一部长篇小说《曹雪芹》，请您谈一谈好吗?”端木同志笑道：“我过去写过剧本《林黛玉》《晴雯》，‘文化大革命’前还写了短篇小说《双红记》，是以贾宝玉、史湘云的故事为线索写成的。可惜，这部稿子在‘文革’中散失了。这几年我搜集了曹雪芹的材料，打算写一部《曹雪芹》。全书计划写100多万字，分上、中、下三部，现在上部已经出版，将来如何发展，很难预料。为了写这部小说，我查阅了大量清代史料，在背景上我将把清初的一位农民起义领袖马朝柱写进去，这是一个传奇的人物。此外是曹家家世等材料。总之，把清史、家世、《红楼梦》三方面材料串联起来，有机地糅合在一起来写。同时，我打算特别写出曹雪芹时代的思想领域的斗争情况，戴震与曹雪芹是同时代的人，也把他拉进来。”

听了他的话，我很高兴，看天色不早了，便一面告辞，一面对他说：“写出一部《曹雪芹》来，是大家盼望已久的事，祝您早日完稿！”端木同志微笑着点点头，说道：“是的，用艺术形式再现曹雪芹这位伟大作家的一生，是今天广大《红楼梦》爱好者和研究者所盼望的，也是我们的责任。中国是曹雪芹和《红楼梦》的故乡，我们不写，难道还要请外国人为我们代劳吗？”

告别了端木同志，我走在宽敞的林荫大道上，想起他在《曹雪芹》前言中说过的一句话：“现在，新的火炬已经点燃了……”

载《东北现代文学史料》1981年4月第3辑

《曹雪芹》诞生记

——访端木蕻良

黄伟经

北京的初夏，万木吐绿，到处一片葱茏。此时，我多次访问老作家端木蕻良，听他倾谈历史人物小说《曹雪芹》的创作。

端木蕻良今年68岁，瘦高的个子，斑白的头发，眼睛闪射着锐利的光芒。眼角边的鱼尾纹，额上、脸颊上的皱纹，都还不算深。看去，他要比自己的实际年龄显得年轻一些，也比去冬我初见他时身体好些。如果不注意他那只不大灵活的左手，不看他走起路来脚步蹒跚，不听他说话有时吃力，你绝不会想到这位卓有成就的著名作家自1963年突患脑血栓左身偏瘫以来，身体一直不好，打倒“四人帮”以后才精神焕发，重新执笔跃返文坛。近两年他虽然仍是多种疾病缠身，却顽强地克服体力不支等困难，像吐丝春蚕那样精心、勤奋地写作长篇巨著《曹雪芹》。

按计划，端木蕻良准备写《曹雪芹》上、中、下三卷。我8月初再次访问他时，《曹雪芹》中卷已写到第四十四章，已近写完一半了。《曹雪芹》上卷于去年在香港《文汇报》连载以后，今年春由北京出版社出版了单行本。第一版20万册，十几天内即销售一空，再版30万册也很快售完。它成了大受读者欢迎的一部畅销书。

一次我在端木家里，凑巧遇见著名桥梁专家茅以升和老画家王羽仪。两位老前辈都是端木蕻良的老朋友，他们一见面就谈到刚出版的《曹雪芹》上卷。说话严谨的茅老，当面赞扬《曹雪芹》上卷写得好，他向端木祝贺说："你这座用文字筑成的大艺术品不简单！你架起了这么一座难得的艺术的桥，真不容易！"

一

20世纪30年代中期，原是清华大学历史系学生的端木蕻良（原名曹京平）开始写散文、小说。1938、1939年他出版了长篇小说《大地的海》和《科尔沁旗草原》之后，开始研究《红楼梦》。1941年，他在香港《现代文学》创刊号发表了《苦芹亭诗抄》，第一次透露了自己研究曹雪芹，想续写《红楼梦》的愿望。1942年，他在桂林写了两个有关《红楼梦》的话剧：《林黛玉》和《晴雯》。"那时是在抗战期间，我正是初生牛犊不怕虎啊！"端木蕻良回忆说，"我跟同学、朋友聊天，都曾经谈过想续写《红楼梦》的事。当时在桂林的老前辈柳亚子和老朋友陈迩冬、尹瘦石、李白凤等人，知道我想续写《红楼梦》都很感兴趣，一再鼓励我。那年我在桂林还见到了清华的老同学、现在天津工作的高承志，高兴之余，我给他题了一首诗，其中有一句说：'野祭丰碑烽烟起，山行盘石义气加；归来我著《红楼梦》，去后君输茉莉茶。'也跟这位老同学提过自己续作《红楼梦》的愿望。但是，谈何容易，当时大家都过着颠沛流离的生活，不仅参考书奇缺，连行李也随手丢，怎么可能有研究、续写《红楼梦》的条件和环境呢！不过，我一直心不死。几十年来，我一直在研究曹雪芹和有关《红楼梦》的问题，一直在搜集、积累有关资料。"

新中国成立初期，端木蕻良到北京郊区参加土改，后来又到首都钢铁厂深入生活，他也没有扔下对《红楼梦》问题的注意和研究。1963年他重病以后，觉得自己渐渐年老，想实现续作《红楼梦》的愿望更强烈了。"文革"开始后，他除了有段时间蹲"牛棚"，几乎把全部精力都用在研究曹雪芹和《红楼梦》问题上，为以后有可能进行创作做准备。

20世纪50年代后期以来，尤其是在“文革”期间，端木蕻良除了熟读《红楼梦》，还重读了有关论述《红楼梦》和曹雪芹的大量书刊和文章资料，不管它们的论述是正确的还是不正确的，包括新中国成立前和50年代以来在港台地区发表、出版的有关研究《红楼梦》的文章、书刊，凡是他能得到或借到的，他都读过、研究过。为了熟悉曹雪芹所处的历史时代，他翻阅了卷帙浩繁的赵尔巽主编的《清史稿》，查阅了专门记下来给皇帝看的《清实录》档案的有关影印资料，比较深入地研究过与曹雪芹生活关系密切的清康熙、雍正、乾隆三代皇朝的历史。

端木蕻良读过许多有关北京、南京两地历史与风土文物的资料，包括两地的地方志、风物志的一些手抄本；了解、考察过200年前北京和南京的城市风貌与民情习俗。他到承德参观过康熙、乾隆的行宫，还实地考察过乾隆墓及其出土文物，看过故宫图书馆收藏的雍正画像和清皇室遗留下来的一些字画。为了更多地了解曹雪芹所处时代在文化、艺术、哲学、政治、军事等方面的发展和变化，端木蕻良还研究过著名文人纪昀及其著作《阅微草堂笔记》，研究过文学家蒲松龄和杰出思想家戴震及他们的著作，研究过吴敬梓及《儒林外史》。

经过近40年的材料积累与写作酝酿，曹雪芹及其周围一些人物的形象，已经在端木蕻良心里逐渐形成。用他的话说，“他们一个个都好像活了起来，钻进了我的脑子里”。

二

1978年秋，端木蕻良向北京市有关部门写了个报告，提出了《曹雪芹》的写作计划，很快就得到中共北京市委及有关部门的支持和赞助。根据端木蕻良多病体弱、生活上已不能自理的情况，组织上决定把原来从事戏剧编演的端木夫人、当时在北京市文物管理处工作的钟耀群，调到北京市文联作家协会，专职协助端木蕻良写作。

就在钟耀群调来协助端木蕻良创作的第二天——1978年12月5日，端木蕻良坐在家里一间小房面向阳光的窗口前，铺开稿纸，开始奋笔写下了《曹雪芹》的第一章。"你可以看看当初写的第一章原稿吧，后来我又做了修改，还改得一塌糊涂呢。"端木蕻良笑笑对我说，"本来我过去写东西，都是在脑子里想好了，甚至修改好了，才落笔。现在不行啦，因为脑子已不像从前那样灵，一下子想得太多，头脑发胀发热。因此，我大体上想得差不多了，就先把它写出来。这样，写出的初稿有时很乱，由钟耀群整理、抄正。她整理抄正了，我再修改。然后，我再写下去，她再整理、抄正，我又再改。有的章节要反复修改两三次，甚至四五次。《曹雪芹》上卷头几章，就是这样写成的。"

我曾请教过端木蕻良："你原来打算先重写《红楼梦》后四十回，为什么倒先写起了《曹雪芹》呢？"端木蕻良很坦率地告诉我，经过几十年的准备，写曹雪芹和续作《红楼梦》后四十回，他都想，也都可以写——当然，写得好坏则是另一回事。"写《曹雪芹》，与原先想续写《红楼梦》，事实上是一致的。"他给我解释说，"因为你要续作《红楼梦》，必须研究曹雪芹，而且你要把曹雪芹研究得相当深入，或者说研究得相当到家，你才有办法去续。打倒'四人帮'以后，究竟是先写《曹雪芹》，还是先续作《红楼梦》呢？我跟钟耀群、二哥曹汉奇（现任哈尔滨师范大学历史系教授）和一些老朋友都谈过，议论过。他们说，你研究曹雪芹，想续《红楼梦》，准备了几十年，你就先把曹雪芹的材料整理一番，先把《曹雪芹》写出来吧。钟耀群更说：'你研究了几十年，你心目中的曹雪芹究竟是什么样子的？你不写出来，不说别人不知道，连我作为你的妻子也不知道啊！'我想，这些建议都很好，写《曹雪芹》，同时也就是为以后续写《红楼梦》做准备。这样，我就把《曹雪芹》作为历史人物小说，而不是作为曹雪芹的传记，先动笔写起来了。”

端木蕻良像过去写小说（不管长篇、中篇）不写提纲一样，写《曹雪芹》也没有写提纲。这一点，跟一些习惯写小说提纲的作家不同。

在《曹雪芹》写作过程中，端木蕻良至今虽然没有写作提纲，但他的得力助手钟耀群却颇细心，为他登记了一个小说人物表——从《曹雪芹》上卷第一章起，按照小说人物的出场顺序，一一记下姓名、身份，甚至性格、特征。到写完《曹雪芹》上卷，她记下已出场的大大小小人物共200多个。她将小说里的人物这样“立此存照”，对于帮助端木蕻良进一步构思和写作，有备忘参考的作用。这里，端木蕻良和夫人助手发生过有趣的事。有好几次，钟耀群整理端木蕻良的稿子，以为他把某个人物写丢了，便着急地问他：“某某人前一章还有，为什么写到这一章就不见了呢？”“那好办啊，你贴个找人告示，到时候他就出来啦。”这时端木蕻良就半开玩笑地对她说，“你不能把小说里的人物都一下子提上来，你把一些人物都提上来，又把曹雪芹放到哪儿去呢？写小说，对人物的描写，可不能平均使用力量。某个人物前边写到了，线索放在那儿，以后需要他出场，你一提，他又很自然地出来了嘛！”说得钟耀群会心地笑起来。

三

交谈中，端木蕻良详细地谈到一年多来在《曹雪芹》写作过程中碰到的困难，他克服困难的感受和塑造人物的一些体会。

端木蕻良认为，对后世影响巨大的伟大文学家曹雪芹，是一个大的历史时代的产物。要刻画好这个传世不朽的文学巨人，必须对他生活的历史时代有比较深入、正确的了解。然而，清史三百年，至今研究清史的权威史学家和权威著作还很少。除了一部庞杂的《清史稿》，到现在还没有一部论述清代历史的比较像样的史书。这给端木蕻良创作《曹雪芹》带来一定的困难。为克服这个困难，端木蕻良多年来费了不少精力，较多地接触了清史，特别是更多地了解、研究了曹雪芹出生以后的康熙、雍正、乾隆三代清皇朝的历史。端木蕻良说，他一生下来就碰上反清浪潮，从小就对清朝没有过好印象，但是经过对清史的了解和研究，觉得康熙、雍正、乾隆三代清皇朝对我们国家还是有较大历史贡献，在中国的发展史上有相当的历史地位。虽然，当时既有民族矛盾，也有阶级矛盾，而且阶级矛盾相当尖锐，还有北方和南方的矛盾，但当时我国的科学技术得到较大发展，我们在天文学、数学、钟表、水车等方面，都有很大成就。在文化、艺术、哲学等方面也有很大发展，出现了像文学家王夫之、纪晓岚、蒲松龄、吴敬梓和思想家戴震等优秀、杰出的人物。正是这么一个风起云涌的历史时代，产生了伟大的文学大师曹雪芹。也正因为如此，端木蕻良从写《曹雪芹》上卷的第一章《畅春园康熙晏驾，内寝殿胤禛夺宫》开始，就让曹雪芹处于皇位更替的宫廷事变的背景上，使曹雪芹从童年时代起，就置身于世事复杂尖锐、人物纷至沓来、生活千变万化的历史时代中。

写曹雪芹，不能离开《红楼梦》，又不能雷同于《红楼梦》，这是端木蕻良从创作《曹雪芹》一开始就面临的问题。他说，写曹雪芹如果离开了《红楼梦》，写成类似《儿女英雄传》或《儒林外史》一类的作品，读者是不会答应的。要写曹雪芹，就一定要写他的爱情生活，不然就不是写曹雪芹，跟写别的小说人物差不多。但是，写曹雪芹的爱情生活，又不能照搬《红楼梦》的——其实，也照搬不了。别看《红楼梦》一百二十回，讲的却是五六年间的事；时间短，爱情故事比较容易安排。“写《曹雪芹》则不然，要写他的一生。”端木蕻良说，“比如我在《曹雪芹》里也安排他的一个表妹，写她10岁进府吧，顶多到十八九岁，她或者是死去，或者是离开，但她死去或离开以后，曹雪芹还要生活下去，要写他到四五十岁，那么他后半生的爱情生活怎么安排呢？安排他也跟另外一位女子结婚吧，这种写法不是和《红楼梦》一样吗？那人家去看《红楼梦》好了，何必你来抄《红楼梦》呢？因此，既要避免抄《红楼梦》，又要符合历史和生活的真实，这里除了创造，实在没有康庄大道。我认为，曹雪芹即使到了晚年，他的物质生活虽然越来越糟，精神生活却是越来越高的。这样，我在《曹雪芹》里，就打算给他塑造另一个夫人，走一条符合历史和生活真实的创造的路。”

写完《曹雪芹》上卷，进入写中卷以后，端木蕻良还碰到另一个比较突出的问题——要换好几拨丫鬟的问题。读《曹雪芹》上卷可看到，那时曹霑（曹雪芹）还是小孩子，丫鬟都比他大。他从小到大，而服侍他的丫鬟，却不可能陪着侍候他到老。按照封建制度，丫头25岁都得打发走。不打发走，成了老丫头，又不能收房成妾，就不好办。写到中卷以后，曹雪芹已是青年和中年时期，服侍他的丫鬟就得相应地一拨接一拨换过。比如上卷写到的曹雪芹的贴身丫鬟金凤，到中卷她就得离开或死去了，不可能再留下来服侍曹雪芹。而他这些丫头一批又一批换了，年龄不同，形象也不能大同小异，都要一一去刻画。端木蕻良说：“你不能光换一个丫头的名字，金凤走了，你就来个银凤，银凤走了，你又来个双凤。那人家就看你没办法，光靠换丫头名字过日子！这些问题都要解决。而社会上的丫头，大体上都同一种类型，她们的地位、年纪、身世都差不多，要把她们写得各不相同，互有区别，这就要写出她们的个性。没有个性，必然同一副脸孔，千篇一律。但你说起来如何解决，如何刻画出不同个性的丫头还不行，你得一一写出来，还要写得合理、生动、令人信服，读者认可才成。”

端木蕻良一再谈到，《曹雪芹》里没有轰轰烈烈的战争场面，也没有离奇曲折的故事，因而更要在塑造有个性的人物形象上下功夫。特别是要努力把曹雪芹写活，塑造一个有肉有血的活的曹雪芹。他认为，曹雪芹在《红楼梦》里给人们造成的印象，好像他在富贵高堂、锦绣闺阁中生活的时间比较长，后来他家一破败，贾宝玉一出走，也就完了。《曹雪芹》不可能按照这样的安排或模式去写。雍正五年(1727)，曹家被抄，那时曹雪芹已15岁，但是也不能尽写曹雪芹的贫困潦倒，而且读者对曹雪芹潦倒贫穷的概念一向比较淡薄。曹雪芹在自己的后半生，写了不朽之作《红楼梦》。在《曹雪芹》中，当然要很好地描写他这一段的写作生活。“但是，你也不能写曹雪芹天天在开夜车，没完没了地在赶写《红楼梦》啊。”端木蕻良笑了笑说，“重要的是刻画曹霑的性格，刻画出他性格上的特征。”他认为，曹雪芹的性格特征不是一生下来就有的，而是在他生活的环境和社会影响中形成的。他们曹家本是保皇世家，是跟着清朝皇室一起发展起来的。到后来，在政治斗争的旋涡里，恰恰又是扶植他们的清朝皇室毁灭了他们曹家，别人不可能有毁掉他们家族的力量。正是这些特定的生活和社会环境，使曹雪芹对世事人生的认识比别人更深刻，同时也使他的个性、性格特征变得更加鲜明。端木蕻良说要抓住曹雪芹的什么性格特征呢？比如在一般事物、世俗的道理面前，人家认为他是相当傻或相当蠢的，但他的这些傻或蠢，在读者心目中恰恰是他聪明、真诚、深刻、可爱的地方。像上卷已经写到的他的贴身丫鬟金凤，并没有什么社会地位，她对曹霑也不是特别好，只是因为曹霑是主子，她是丫鬟，她理所当然地侍候他。而曹雪芹并不这样认识，在他看来，像金凤这样的丫鬟，甚至比王夫人、曹頫对他都要好。他是这样来衡量人的！读者心里也会衡量。曹頫是他的父亲，王夫人是他的母亲，对他也是很好的，问冷问暖，他要什么给什么，还给他铺好了将来向上升官发财的道路，但在情感上，曹雪芹却偏重在金凤这样的丫鬟一边。这样写，就从一个方面显示了曹雪芹的个性和性格特征。当然，这些都是我原来的设想，写出来以后，还要看能否得到读者的共鸣和认可。”

正如芬芳的花朵也需要绿叶扶持，要写活曹雪芹，也得把他周围的人物写活。在《曹雪芹》上卷，读者可以看到，作家已在着力描写贴身丫鬟金凤、表兄福彭、姑父平郡王纳尔苏、姑母平郡王妃等人。

端木蕻良告诉我，进入写中卷以后，他要着力描写的与曹雪芹关系较大、较密切的人物更多了，如曹雪芹的好朋友敦诚、敦敏、张宜泉等。这当中，端木蕻良着重给我介绍了在《曹雪芹》上卷已忽隐忽现露过面，而在后来将使《曹雪芹》的情节更加波澜起伏的一个重要人物——“红脸大汉”马朝柱。端木蕻良是从翻读《清实录》中，发现这个人物的。大家知道，在清嘉庆年间（1796—1820），白莲教起义，以后到太平天国，到推翻清朝，农民的反抗没有停止过。白莲教起义一开始就很猛烈，但它不是一下子爆发的，它有一个发展过程。有人说，白莲教始于晋朝，也有人说起于唐朝，反正时间相当长。白莲教的活动没有在乾隆年间中断，特别是在乾隆好大喜功的掩盖下，秘密结社运动在发展，它更不可能停止。因此在《曹雪芹》里，端木蕻良就把反映农民的反抗斗争，穿插在马朝柱的活动中去反映、描写。“为什么我要选择红脸大汉马朝柱呢?”端木蕻良说，“因为他活动的范围，恰恰是白莲教活动的范围，即在四川、湖北、河南一带。我看《清实录》，乾隆一直要追捕他，但追查到后来，却没有了下文，乾隆始终没有逮到他。这个人物就有点神秘了。我选择写他，就是想反映白莲教前期的活动，给后来嘉庆年间的白莲教起义，大规模的农民起义斗争做一个序曲吧。”

端木蕻良还跟我谈到他要在《曹雪芹》中、下卷重笔描绘的其他一些人物，如曹雪芹的远房叔叔脂砚，曹雪芹后来的夫人玥儿，曹雪芹同时代的大思想家戴震等。每当谈过以后，他总是谦逊地说：“我还在写，写的能否令人满意，还有待以后听读者朋友们的评判意见。”或说：“写出来以后，还要看是否能得到读者的批准呢！”

四

除了克服《曹雪芹》创作上的困难，端木蕻良还要同自身的疾病做斗争，战胜疲劳和精力不支。每天清早和上午，是端木蕻良的写作时间。如早晨天气好，他早起后要到屋外林荫路上去慢慢走着散步，然后就坐在家里一个小房间向阳的窗口前开始写作，吃过早餐，就搁笔暂停。端木夫人对我说，端木蕻良身体有病，又比较虚弱，血液不足，吃过东西以后，要胃液消化，脑子就缺血，觉得头昏。因此，他每次吃饭之后，都要在床上躺一躺。餐餐如此，天天如此。

开始写《曹雪芹》上卷时，端木蕻良的身体还很不好。有时他不能执笔，就躺在床上口述，由钟耀群记下来。“哪有躺在床上这样口述写长篇小说的啊。”端木蕻良向我忆及当初的写作情况时不禁笑道，“但我有段时间身体特别不好，就是这样口述写长篇的。”后来，端木夫人托人买到了比较好的特效药，每天给端木蕻良注射两支。经过一段时间的注射治疗，他的高血压等病才稳定下来，健康状况逐步好转（顺便提一下，钟耀群每天还兼管给端木蕻良打针）。

一年多来，端木蕻良为了使自己能够长期坚持写作，除了每天早晚两次外出慢走散步，注意休息和生活规律，还很注意合理安排使用自己的时间和精力。一天，他向我谈了他是怎样使用自己的精力于写作的。他说：“写《曹雪芹》，有时写一个人物、一段情节，我从头到尾都想好了，但精力不足，我不能一口气写下去，怎么办？我就写到一定程度停下来，等到有精神时再往下写。每当写到那些我认为需要放点光芒、带点火花的地方，我就在睡足、休息好了之后，集中精力，赶快把那些地方、那些段落写完。然后，我就在床上躺下来好好休息。就好像放机关枪似的，咔咔咔咔，然后停一停，冷却一下吧。下次，再集中精力，再来咔咔咔咔，然后又来冷却——休息。你的机关枪不能总是咔咔咔咔，一直放下去啊！”

“你这样写作，简直像在打仗一样！”我感动地说。

“我身体不行，精力有限，只能这样写嘛。”端木蕻良继续说，“近一年来，我大体上都是这样写，目标瞄准了，睡好了，精力足了，我就咔咔咔咔，马上写起来。要不然，你写的东西没有精彩的，你写的长篇人家看了昏昏欲睡。我采取这种放机关枪式的写作方法，适合我的体力和脑力。这也好比作曲，把主要的旋律想好了，然后在精力最充沛的时刻把它写出来，用一般的精力去写过门，去修改，衔接。这样写，我觉得还比较快，比较顺手。”

五

端木蕻良怀着感激的心情，多次同我谈到朋友们对他创作《曹雪芹》的鼎力支持和帮助。他说：“正是朋友们的帮助和有关单位的支持，使我有可能比较顺利地做好写作准备，投入《曹雪芹》的创作。”

几年来，端木蕻良需要的参考书，朋友们得知后都慷慨、热情地送给他或借给他。端木蕻良的老朋友、现在青岛医学院工作的杨枫，曾在北京琉璃厂买了一整套乾隆诗集。众所周知，乾隆去到哪儿都喜欢写诗，乾隆这整整一套诗集等于是他的诗日记，对于端木蕻良了解当时的社会历史背景和各地生活风貌都很有帮助。杨枫得知后，就热情地把全套乾隆诗集送到端木蕻良家里，让端木蕻良随时可以翻阅。又比如《女仙外史》一书，端木蕻良原来借到的是康熙二年（1663）刻刊的小字本，它是描写造明成祖反的山东起义军女领袖唐赛儿的。因为脂砚斋提到过这个女人，端木蕻良想搞清楚唐赛儿跟《红楼梦》有什么关系，以便在《曹雪芹》里写到脂砚斋和曹雪芹如何评价《女仙外史》这个情节。但端木蕻良眼力不济，看小字本的《女仙外史》有困难。老朋友、现在北京人民文学出版社工作的陈迩冬知道以后，就把他收藏的大字本《女仙外史》送给了端木蕻良。又如端木蕻良要在《曹雪芹》里写曹雪芹去圆明园游玩，为了写作时印象更深刻，他打算再去看一看圆明园旧址。跟端木蕻良并不认识的一位叫赵光华的文物工作者，从旁人那儿获悉端木蕻良的打算以后，就带着自己写的几篇介绍圆明园的文章和收藏的圆明园地图前来见端木蕻良，把文章送给了端木蕻良，还陪同端木蕻良去看了圆明园旧址。就在野地上，这位热心肠的朋友打开圆明园地图，把他所知道的圆明园情景一五一十地告诉端木。还有一位朋友、北京满族人金勋的后代，为了帮助端木蕻良，破例地把家传的手抄本《圆明园始末记》借给了端木蕻良参阅。

为了帮助端木蕻良更好地了解200年前北京和南京两地的风物民情和生活习俗，在北京工作的朋友苏天锡和在山东工作的王国华，分别把手抄本的二三十卷《江宁府志》和收藏的一套《北京历史风土丛书》借给了端木蕻良，让端木蕻良可以随时阅读，写作时参考。安徽大学教师洪静渊，多年来研究戴震的生平及其哲学思想。当他得知端木蕻良在《曹雪芹》里也要写到思想家戴震以后，就把他写的一本关于戴震思想及其生平的书稿打印本，连同他拍摄的戴震墓照片一起寄送给端木蕻良参考。

此外，几年来，北京市文物管理处、故宫图书馆等单位都给端木蕻良提供了许多方便，让他能看到、借阅到与写作《曹雪芹》有关的历史文物和文献资料。

端木蕻良深情地说："正是这些知名和不知名的、认识和不认识的朋友热情的帮助，有关单位得力的支持，使我写《曹雪芹》的胆子越来越壮。真有点如箭在弦，非写出来不可，以感谢朋友们、同志们！"

当我结束这次访问，跟端木蕻良暂时握别时，他告诉我，今、明两年，他将排除其他一些写作活动，集中时间、集中精力完成《曹雪芹》的全部创作。"我现在的写作进度，每天平均1000多字。"端木蕻良满怀信心地说，"按照这个进度写下去，我今年可以写完《曹雪芹》中卷，明年可以写完下卷。"是的，这位令人钦敬的老作家的勤奋写作，是可以计日程功的。我衷心祝愿他身健笔健，让《曹雪芹》中、下卷早日供献在读者面前！

1980年9月5日于广州

选自花城出版社编《文坛老将》，花城出版社，1981年5月版

端木蕻良访问记

潘耀明

笔谈时间：1980年秋

出生在茫茫的草原上

潘耀明：端木先生，我们知道您的长篇代表作之一《科尔沁旗草原》和短篇《鸶鹭湖的忧郁》的小说背景，都与您的家乡有关，您能给我们讲讲您出生的背景吗？

端木蕻良：我是1912年生的，诞生地是辽宁省昌图县鸶鹭树村。我们科尔沁草原地域很大，人民实际上都讲汉话。300年前清朝的蒙古亲王僧格林沁就在那里。他曾经镇压过太平天国革命，也曾在香港打过英国的巴克夏。后来镇压捻军时，被捻军打死。清朝的凌烟阁上，文的一边是曾国藩，武的一边就是僧格林沁。他读书的地方，他的祠堂都在我们那里。那边原是蒙古族聚居地，另外还有哥萨克啦，俄国的浪人啦，也都在那里。这些东西在小时对我的生活也有影响，也有启发，对那里的风俗习惯也还了解一些。那个地方是有些特色的。在清朝道光时经济就较发达，也有些资本主义的萌芽。有不少“广”字号、“聚”字号的商号，那时中国还没有跨国公司，但跨省公司还是有的。到民国时，有一个县长叫程道元，这人颇有点新思想，他建公园，改大牢为新式的监狱，开印刷厂，印了《三国志》《西游记》等书[①]。

潘耀明：我们从《科尔沁前史》获得一个印象：您是出身于大户人家的，不知对不对？您的父亲对您有什么影响？

端木蕻良：我们家庭原是很大的地主，但我父亲并不是大地主，因为我祖父不喜欢我父亲，但我的曾祖父很喜欢他。一俟我曾祖父死后，我祖父就把他赶出来了，所以他并不是很大的地主。他喜欢到处跑，尤其是南方。这样他接受了新思想，也就是维新思想，他也加入了维新党派。他同情太平天国，后来接受了孙中山的思想。看上海的《申报》《泰晤士报》，这在当时是很少见的。父亲经常托人从商务印书馆买书，托卖湖笔徽墨的商人运货时带来。我小时，他就给我讲这些，后来我也看过这些书籍。那里还有太平天国发的布告，有他们编的《千字文》《三字经》；另外，也有孙中山同盟会那种彩色石印的宣传画等等，我父亲都收集了。他非常愿意让我们到南方去读书。

潘耀明：对了，您的学生时代是怎样度过的？

端木蕻良：1923年，我就到天津去了，考上了一个美国人办的学校，校长叫伊文思。当时我不愿上这个学校，因为它虽然是美国人办的，但很保守，还念《孟子》，还教四书。我愿望是上南开（笔者按：即南开中学，下同），但这个愿望没能实现。我在天津只念了一年书，就因为直奉战争，父亲供不起我了，我只好回家去。我的哥哥还留在天津，他在南开，他经常把他读的书寄给我。

潘耀明：您当年正赶上中国的启蒙时代，这对少年的您，有什么特别的影响吗？

端木蕻良：那时，天津和北京是文化中心。天津有总理和邓大姐

---

①“程道元是辛亥革命后昌图县第一任县长，他是广东人，大概是花县人，或是梅县人。他也是第一个把黄包车引入这个地区的人。”——摘自端木蕻良给本文作者的信。

（笔者按：这里指的是周恩来和邓颖超）他们在那里，北京那时有鲁迅、胡適。我那时还很小，每天看北京《晨报》，这张报纸一清早就能到天津。我可以直接看《晨报》的副刊，经常读到鲁迅发表的文章。另外，“南开”是比较进步的学校，我经常在那里转来转去；我虽不在“南开”念书，可是住在“南开”。那里经常请许多有名的人去讲演，我记得我还听过梁启超的讲演。还有好多书在那时出版，像叶圣陶——叶老的《火灾》《稻草人》，耿济之译的托尔斯泰的《复活》，还有周作人等人的作品……“南开”有剧团，演的还是文明戏（话剧），电影也开始有了，有几部片子给我印象很深。这些文艺活动对我影响很大。

潘耀明：当时您的文艺思想受谁影响最大？

端木蕻良：当时我的思想非常倾向鲁迅先生，对胡適等人不感兴趣，我很喜欢鲁迅先生那种对人生的刻画，对封建社会的深刻抨击。蔡元培他们也写些什么“劳工神圣”的文章，但都很浮泛，因为没说出劳工怎么神圣，净给人家干活就神圣，根本没有提出解决的办法。只有鲁迅起码是要把窗子打开，要走一条路，这点当然还没摸索出来，但已看见微微的一点光亮。所以我总是倾向鲁迅。还有我那时对“为人生而艺术”的口号是很欣赏的，对“文学研究会”的茅盾、叶绍钧、郑振铎等人的书也很爱读。对诗，我是很喜欢郭老的诗的。《女神》直到现在有些句子还可以背下来。年轻时，整个《女神》都能背。我的创作道路总是坚持现实主义，要说还有一点浪漫主义的话，那是从郭老那儿得来的。“五四”以来常常介绍些欧洲文艺复兴时期的绘画、雕塑，《晨报》副刊更常常登这些东西。不记得是第几期了，画的是一个人把鸟笼子打开，让鸟飞出来，现在看无所谓，那时感触才大哩，很喜欢这些东西。

潘耀明：您什么时候开始对写作发生兴趣？

端木蕻良：1924年，我自天津回到家后，不再想去那里的学校。就在家里，今天写写这个，明天写写那个，小说、诗都写上了。1927

年，我们县里的中学来了一个教务长，思想很进步，他在教室里挂了他自己画的马克思、恩格斯的像和小传。我和他谈得很好，留在那里念了一年书。后来我父亲死了。哥哥把我带到天津，我复习了一段时间的功课，考上了南开中学的初三。这是1928年了。从此，我除了寒假外，平时就不能回家，有时放假也不回家。所以我中间在家自学的那一段时间（1924—1928年），对我还是很有好处的。如果那几年我不在家，就不能了解当时东北的情况。那时我只有十几岁，正是我吸收力和感染力最强的时候，为后来创作积累了一些题材。

处女作《水生》和《力的文学宣言》

潘耀明：您何时正式开始文艺创作？处女作是什么？

端木蕻良：1928年，回到天津。经过1927年大革命和北伐战争，天津也变了。到书摊上能买到我们的宣传小册子；书摊上面摆着乌七八糟的书，下面摆着列宁的《暴动的艺术》[①]，还有《反杜林论》等等。南开的这一段，陈虞荪（笔者按：“文革”前为上海《文汇报》总编辑，后为中国大百科全书出版社上海分社负责人）和田聪（按：端木蕻良的中学语文老师，会与端木蕻良合写《力的文学宣言》）对我的影响很大，他们都教过我书[②]，不拿分数卡人，鼓励学生看课外读物，那里的课外组织和各种活动很多。我和几个同学也搞了一个刊物，最初叫《人间》，后来又出版了《新人》，我们就叫新人社；真是32开的杂志。陈虞荪[③]还另外办一个杂志，还让我设计封面，那时，我是“南开”美术学会会长。我的同伴中有胡适的侄子，

---

① “列宁‘暴动的艺术’，我记忆中篇名如此，记得是单行小册……手边无书，未能核对，仅凭记忆，恐怕仍然弄错。”——摘自端木蕻良给本文作者的信。

② “孔另境先生也教过我，那年南开中学全校举行学术观摩论文比赛，由他做总裁判，曾把我那篇不成样子的作文评为首卷。题目忘记。”——同上。

③ “陈虞荪先生要创刊的文艺刊物，曾定名为《在前哨》。”——同上。

他叫胡思猷，他写了一篇小说，拿他的父亲做模特儿。我也写了一篇，现在已找不到了。可以说，从这儿，我开始了文艺创作。我的处女作名字叫《水生》，是一个人的名字，没有胡思猷那篇写得好。胡思猷虽是胡適的侄子，但他对胡適也很反感，他净跟我们讲他叔叔出洋相的事。

潘耀明：您的处女作《水生》发表在什么杂志上？

端木蕻良：我最早的这篇《水生》发表在《新人》上，差不多同时还发表了一篇《力的文学宣言》。

潘耀明：从上面的谈话，知道在南开是您生平一个重要的时期，时当日本帝国主义侵占东三省，国难当前，您当时有什么具体的行动吗？

端木蕻良：我们都投入抗日爱国运动中去了。我们那时是中学生、小孩了，但我们也要冲出教室，也要抗日。那时胡適翻译和推荐了那个《最后一课》（按：原作为都德所撰），我们觉得《最后一课》当然写得很好，很感人，但在教室里不解决问题。那时天津是个矛盾的交叉点，土肥原让汉奸石友三在天津搞便衣队，恰恰就是包围我们“南开”。——为什么叫“南开”呢？好多人不懂，开就是开洼地，天津有东开、西开、南开。他们的包围更激起我们的抗日热情，我们赶走了反动的训育长，当时的天津市长来威逼利诱我们，也被我们赶跑了[①]，后来我们和北京的同学联合起来，开始南下示威。我离开天津，到了北京。

《科尔沁旗草原》的创作活动

潘耀明：您到了北京是不是就考入清华大学？我们知道在这期

① “南开的训育主任，因阻挠我们抗日，被我们赶跑，到南京当部长去了。还有，当时，出面威胁利诱我们的是‘国民党’‘市党部’。”——摘自端木蕻良给本文作者的信。

间，您开始了《科尔沁旗草原》的创作，可否介绍一下？

端木蕻良：1932年，我先到孙殿英那儿参加了北京学生军，搞抗日活动，后来，也就是1932年夏天考入了清华大学历史系，在清华，我开始了《科尔沁旗草原》的创作。当时清华有个《周报》，先在那上面发表过一段，署名曹京平，那是我的真名。

潘耀明：您的《科尔沁旗草原》为什么只完成了第一部？

端木蕻良：长篇小说《科尔沁旗草原》，我原来准备写三部，但没写完，只写了第一部就没接着写。这部作品是在清华开的头。后来，国民党要抓我，我待不下去了，就跑到天津去找我的哥哥。他在天津教书。我住在他那里，写《科尔沁旗草原》。我怕有人认识我，白天不敢出门，正好在家里写，所以写得很快。那是1933年8月。第一部写完后，我的身体不行了；在清华时，我就有了肺病，因此，没能再写下去。

潘耀明：您后来为什么又写了《科尔沁前史》？

端木蕻良：后来我在香港写了《科尔沁前史》，写得很粗糙。写的也是科尔沁——我家乡的生活。可以说是作为对《科尔沁旗草原》的一个补充吧。哪算得是个艺术品！这也好像是个说明似的，但也很不准确。总之，写得不很认真。那也不是我的真实历史。

潘耀明：您的《科尔沁旗草原》第二部，为什么又告夭折？

端木蕻良：在桂林，我开始写《科尔沁旗草原》第二部，但刚写了五章，湘桂就开始撤退了，第二部没有写完，手稿也丢了。

潘耀明：听说《科尔沁旗草原》在后来重版时您曾做了大修改，是吗？

端木蕻良：《科尔沁旗草原》在人民文学出版社重新出版时，有人说我大改了，其实我没怎么改。一来没时间，二来怕改得太多，当年的那些东西就没法存在了。让我现在写，我也不是那个写法了。我就在那本子上改的。实际上没正经改，也无法改得太多。我想写第二部、第三部，那时没有伏下笔。因为我当时是一章一章写的，写一章给郑振铎寄一章，所以我自己也没从头至尾看过。当时说很快就出版，可是后来卡下了，到1939年才出版的，在《大地的海》之后出的。

潘耀明：您在进行创作时受了哪些作家和作品的影响？

端木蕻良：我最喜欢的近代作家是鲁迅，我非常爱看他的作品。还有茅盾的作品，对《子夜》我是下过一些功夫的，因为他的长篇是结构最严密的。对于他的人物是怎么出场的，伏笔怎么伏，他怎么安排农村和城市的，我都下过功夫，从那里学习技巧。

潘耀明：有些评论家觉得您的一些作品，例如《科尔沁旗草原》和《大地的海》运用了电影手法，对这一说法您觉得怎样？

端木蕻良：这点倒是真的，我确是想在《科尔沁旗草原》中用一些蒙太奇手法。因为作品的题材是写三代，我不愿用旧小说那种手法，转换的时候，也要细细描写细节和不必要情节，要不，就转不过来。用剪接的手法比较干净利落。我原来的稿子里有一些句子如"午夜里，灯光下"，像电影那样，出版时我把它改掉了，那太像电影，不像小说了。当时用这种手法的比较少。外国作品中有用这种手法的。比如欧·亨利，写得很简洁。

我注意到现代文学应该简洁，因为人们都很忙。写作得用时代的思想感情，比如茅盾的《子夜》，他一开始就写上海的英文霓虹灯。

潘耀明：外国作家您最喜欢的是哪一个？

端木蕻良：我最喜欢的还是托尔斯泰。他的作品值得研究的东西很多，比如《复活》，大家只注意卡秋莎·玛丝洛娃和聂赫留朵夫，其实像那个政治犯，托尔斯泰并不是只泛泛地写几句，背后还好些地方值得挖掘。

潘耀明：话又回到您的作品，很多人觉得您的作品本身，就包含着自传的成分，《科尔沁前史》更是您的家史，您认为怎样？

端木蕻良：关于作品的自传性质，实际上，《科尔沁前史》里是有我的一些家史，但不是全面的。因为写自己的家史，是没什么可写的，所以我当时写得很粗糙。但那里的地理背景、经济环境，这都是真实的，当时我很注意这个。人物当然不是这样，就像鲁迅说的那样，脑袋在这儿，身子在那儿。具体到一个人身上，就像大山吧，原是游击队长，在第二部里主要写他。从《科尔沁旗草原》第一部的蛛丝马迹可以看出，他要离开丁府，他要走出去，走出去当然要抗日了。至于丁宁呢？我的安排是：将来他不是一个真正代表民族力量的人，但他有这想法，以民族的命运自任。这种知识分子，这种家庭都有这种想法，好像舍我其谁，其实他不能担负，他是受批判的，他又不能走到民族资本家那一步，他不喜欢这东西。实际上这种人就是唱高调的。我第三部就是想写他，再加上些民族资本家和新式军阀，我还安排给他一个哥哥，那哥哥就是新式军阀，东北军里的新式军阀，张学良的部下。我是打算怎么处理在第三部里来写丁宁这个知识分子的形象呢？他不能像大山一样参加抗日游击队，也不能成新军阀、资本家。在中国像胡適等等都是属于这种类型的，我都跟他们接触过。大山是第二部的主角，丁宁是第三部的主角。大山是作为一种革命的典型，他冲出丁府的牢笼，走向革命，实际就是东北抗日联军。

潘耀明：这样说来，您对《科尔沁旗草原》的第二、三部已有了通盘的计划，那么，您打算在什么时候完成这后面的两部？

端木蕻良：至于谈到是否有意完成后两部，雄心壮志当然是有的，但还得看往后的时间而定。

潘耀明：您在桂林的时候，除了散失的《科尔沁旗草原》第二部的五章文稿，还曾写过其他作品吗？

端木蕻良：我在桂林时，曾把《安娜·卡列尼娜》改编成话剧，发表在什么地方记不清了。《红楼梦》我也曾改编成话剧。有《晴雯》和《林黛玉》。还有《薛宝钗》剩两幕没发表完。另外还在桂林《大公报晚报》上，发表过长篇连载小说，叫《几号门牌》。（笔者按：在端木蕻良给笔者来信中，曾提到他在桂林时，还写过一部京剧《红拂传》）

历史小说《曹雪芹》的创作计划

潘耀明：您的长篇历史创作《曹雪芹》（笔者按：访问时，《曹雪芹》正在香港《文汇报》连载中），计划写多少字？是完全根据史实铺叙的吗？

端木蕻良：《曹雪芹》我想写50万字。（笔者按：端木蕻良在半年后又称，《曹雪芹》全书约100万字。——1979年12月8日）目前故事的内容只进行了50天，已写了10万字。你看，康熙是十一月十三死的，我现在才写到第二年的正月十五，就有10万字了。康熙死后七天，雍正就登基了，登基就要采取一系列措施，曹家就有反应了。另外，本来按清朝的规矩，皇帝死了要守三年丧，我因为要为故事做安排，没管那一套，明知故犯。因为虽然七天后，百官上书，请皇帝除孝执政。但要穿素服，上朝不在正殿，在偏殿，反正受限制，我们何必限制呢？在《巴黎圣母院》里，雨果写国王去探监，那是不可能的，他可以那样写，我们为什么不可以？也有人批评雨果，说他写得不真实，违反历史，可它照样存在。我也不管他，我就写元旦百官朝贺，正月十五在南海放焰火，这是个大场面，这样一来气氛就出来了。雍正一上来搞的阴谋诡计都在这里布置下去了，他要把十四皇子调回来，他先抄李家，到雍正五年抄曹家，这事就多了。另外，我还得把后边的伏笔都布置下去，把矛盾都给安排好了。这样，还没写多，就刚到正月十五。我看，这日子我不能让曹雪芹长得太快了，曹雪芹可以让贾宝玉一会儿大，一会儿小，我还行？

潘耀明：《曹雪芹》将来情节如何发展，您可先给我们透露一些吗？

端木蕻良：我想从两个大方面写，写三股线，曹雪芹家世，历史的真实，还有他怎么写《红楼梦》。另一个是社会方面，从当时整个清朝的政治斗争、经济形势，然后到农民起义，还有思想界。思想界就是社会基础的反映。这样交叉起来写就热闹了，也有深度了。

潘耀明：请问《曹雪芹》的创作，是以史为主，还是艺术的再创造?

端木蕻良：如果不是个创作，那我写它干吗？也是我的创作吧。但有些地方不得不违背历史真实；大地方不违背，小地方不要紧。要让人一看就了解，《红楼梦》是从这儿来的。让人知道，曹雪芹是怎么回事。他本来是一个时代的产物。为什么会产生他？必须从社会、政治、经济、思想几个方面为曹雪芹和《红楼梦》的诞生——作家和作品的诞生奠定基础。把各种矛盾集中起来，都集中到曹雪芹身上，让大家知道，这样的情况必然要产生曹雪芹，有个曹雪芹也必然要产生个《红楼梦》，用中国的老话说，就是“呼之欲出”，他自然就出来了。

潘耀明：一部这样皇皇巨构，表现手法一定很多吧？

端木蕻良：我不打算写得太长。太长了，读者看了也疲倦。另外，精力能力都有限。手法也只有这么多。何况，第一，不能模仿《红楼梦》。模拟是最拙劣的办法，它不能产生艺术。同时，又不能离开《红楼梦》，因为和它是血肉相关着的。第二，我要写出曹雪芹幼年、青年、逝世以前三个时期。这样一来，和他相处的一些女孩儿刚刚被塑造出来，随着事物，特别是年岁的增长，就得换人了。举个例子来说吧，金凤刚刚在读者脑子里有了印象，但不久就离开读者，不知到什么地方去了。诸如此类的事情还很多，我就不一一列举了。但是，这些人物，非要和曹雪芹交织在一起来写不可。像《水浒传》那样写是不行的，每个英雄都经历了一段“出山”“上山”“下山”的阶段，然后才“大聚义”。或者，像《儒林外史》那样顶针续麻地来写，也不行。

其实，这都要由创作实践来说明，现在来说都是多余的。但要声明的是：已经映入读者眼帘的部分，如果还有值得看的地方，这都是由于别人的心血凝结成为我的心血的缘故，我的文字是建筑在别人的劳动之上的。

续写《红楼梦》的设想

潘耀明：除了《曹雪芹》，您还有什么新的创作计划？

端木蕻良：续《红楼梦》也是我的夙愿，搞完《曹雪芹》也想试着搞搞这个。我想续三十回更合理一些。对高（笔者按：即高鹗）续本中符合作者原意，已为读者所熟悉的部分情节也要予以适当保留，人物的处理上尽量按作者原意发展。如小红还应有一段大故事，探春似应回来收拾残局，妙玉的结局也似太草率了一点，也想改变等等。反正这都是些初步设想，现在手头上的工作已够紧张了。我但愿能赢得时间完成它！这都需要海内外同人们，给予我支持和鼓励的！

1979年4月初稿

1979年12月8日修订

1988年1月补订

附：

书信访问二则

一、端木蕻良谈与萧红的相处

端木蕻良与萧红的结合，一直以来曾受到不少非议，自萧红逝世后迄今的许多文章，包括骆宾基的《萧红小传》，对端木蕻良都流露出程度不同的不满。俗语有道，清官难审家庭事，究竟真相如何，当事人是最清楚的。曾就这一问题以书信征询于端木蕻良先生——

潘耀明：您与萧红是什么时候结合的？

端木蕻良：我与萧红是在由西安回武汉时结婚的，时间是1938年夏。

潘耀明：外间对您与萧红的相处，似乎颇有微词，作为当事人的您，可否就此事作一澄清？

端木蕻良：关于有人肆意歪曲事，其实，也很容易理解。一对夫妇天天吵架，不可能和他们的创作成正比例，或者说，夫妇不和绝不是创作的动力。排比一下我们的创作产量质量，这个问题就会迎刃而解的。

对这个答案，我们细心求证一下，正如端木蕻良所说的，排比一下他们的创作，就会更易于理解了。

端木蕻良与萧红是于1938年邂逅的，当年萧红与萧军离异，一年后与端木蕻良结婚，迄至1942年萧红在香港逝世共达五年之久。我们发现，在这五年，恰恰是两人创作的重要时期。

先看萧红的著作。在这期间，萧红的著作有：《回忆鲁迅先生》(1939年重庆版)，《呼兰河传》(长篇小说，1940年12月香港完稿，1942年由桂林上海杂志公司出版)，其他尚有《小城三月》《马伯乐》《旷野的呼喊》等。《呼兰河传》更是萧红继小说《生死场》后的另一部杰作，而且后者在技巧上更趋圆熟，茅盾为《呼兰河传》作序，曾作了嘉许，认为小说："有讽刺，也有幽默。开始读时有轻松之感，然而愈读下去心头就会一点一点沉重起来，可是，仍然有美，即使这美有点病态，也仍然不能不使你眩惑……"

由上可知，1938年至1942年间，萧红的创作力比任何时期都要旺盛，创作量比任何时期都要多！

我们又看一看端木蕻良在这期间的著作：《科尔沁旗草原》(1939年重庆出版)，《风陵渡》(1940年香港出版)，《江南风景》(1940年香港出版)，《新都花絮》(1940年香港出版)，《大时代》(《人间传奇》第五部，在香港《时代文学》连载)，这期间出版的《科尔沁旗草原》，是端木蕻良的代表作，作品的数量和质量，也超越前一时期。

端木蕻良与萧红在港期间，都曾替《星岛日报》副刊写稿，萧红逝世前夕还在写《马伯乐》的续集，而她的《小城三月》更是由端木蕻良插图的。

除著作的排比外，从端木蕻良对萧红的态度上，也可窥到一些端倪。端木蕻良在萧红卧病期间，传说要跟骆宾基他们突围返内地，但他最后看到萧红病重，还是在病榻相伴，直到萧红逝世；1957年，端木蕻良以丈夫的名义，委托中国作家协会广州分会，将原葬于香港浅水湾畔的萧红骨灰，运回广州安葬。

当年在香港与端木夫妇最接近的人之一的周鲸文，对他们的感情的看法是比较中肯的，他说："两人的感情基本并不虚假。端木蕻良是文人气质，身体又弱，小时是母亲最小的儿子，养成了'娇'的习性……而萧红小时没得到母亲的爱，很年轻就跑出了家，她具有坚强的性格，而处处又需求支持和爱。这两性格凑在一起，都在有所需求，而彼此在动荡的时代，都得不到对方给予的满足。"（见刘以鬯：《端木蕻良论》第115页）

柳亚子甚至说他们的结合是"文坛驰骋联双璧"，句曰：

谔谔曹郎奠万哗，温馨更爱女郎花。
文坛驰骋联双璧，病榻殷勤伺一茶。
长白山头期杀贼，黑龙江畔漫思家。
云扬风起非无日，玉体还应惜鬓华。

"曹郎"即指端木蕻良，柳亚子在"病榻"句下且有这样的注释："月中余再顾萧红女士于病榻，感其挚爱之情，不能忘也。"

上面的论据，只是就端木蕻良先生所提供的情况，做一些引申和胪列，谨供参考而已。有时感情的东西，是很难说得清楚的，至于是非曲直则有待读者自己做出判断了。

二、端木蕻良家庭及生活近况

潘耀明：您现在的爱人叫什么名字？干什么工作的？你们是什么

时候结婚的？

端木蕻良： 我爱人钟耀群曾是新中国剧社的演员，在桂林曾演过《大雷雨》（饰卡契林娜）、《明末遗恨》（饰陈圆圆）、《雷雨》（饰繁漪）等，后在昆明军区话剧团任导演、演员。1960年与我在北京结婚。钟耀群现在北京市文联工作，由市委批准助理我写长篇《曹雪芹》小说，否则我病中实无法完成。

潘耀明： 你们生了一个女儿是吗？她在念书，还是工作？

端木蕻良： 我女儿钟蕻，生于1961年，1978年考入建筑工程学院。

潘耀明： 听说您患了冠心病，现在觉得怎样？

端木蕻良： 我的冠心病主要是缺氧，我现在打一种水针，还是很有效的。

载《集萃》1982年第5期

选自潘耀明著《字游：大家访谈录》，人民日报出版社，2013年12月版

文字底下的血泪故事

——访老作家端木蕻良

伏　琥

北京城南虎坊桥，一座四层米白色楼房外面，经常有一位背微弓、拄着手杖的老人，绕楼散步。他就是著名老作家端木蕻良。

端木蕻良从18岁发表第一个短篇小说《水生》以来的50多年中，他用小说、戏剧、诗歌、散文等多种文艺形式，写下了受压迫、被侮辱、遭损害的人们的血泪故事，成为我国现代文学史上一位有成就、有特色的作家。

1983年2月，春节刚过，我便登门访问了这位在读者中享有盛誉的老人。他和夫人钟耀群、女儿钟蕻住着一套普通居民用房。室内陈设朴质整洁。惹人注目的是书籍很多，桌、椅、床都挤在书林之中。

端木老患有高血压、脑血栓后遗症等疾病，但精神尚好。他发自内心的微笑，将我这位初见者的拘谨驱除殆尽。一落座我们便聊天一样地谈了起来。

在文学评论界，对他作品的自传性质议论较多，我希望他能先就这个问题谈谈看法。

"在我的作品里，确实有我家事的影子。例如，我的第一部长篇小说《科尔沁旗草原》，就是以我父亲那一族的家事为原型的。里面的故事，从我有记忆的时候起就熟悉了；不过，文学作品毕竟不是家史，否则，就没有必要搞创作了。创作有自身的规律，作者有自己的美学理想和艺术风格，要是照抄生活，这些就都谈不上了。像书中写的大地主首户丁家，他们的祖先是200年前从山东逃荒去关东的。我们的祖先却是关东开荒斩草的老户。我考虑，像逃荒那样写才有典型性，才能显出时代风貌。我所注重的是地理背景、经济环境的历史真实，在风土、人情、性格、气氛四方面具有不容混同的特征。如写长江的支流嘉陵江，就得让它同长江不一样。至于人物，常常是杂取生活中的许多人去塑造作品中的'这一个'人。"

"关于您的家世和生平，您能再谈一些吗?"

"我的老家在辽宁省昌图县鹭鹭树村，地处有名的科尔沁旗草原。经过几代发展，到曾祖父时，成了当地最大的地主，直至父亲后期，家业才渐渐衰败下来。我是1912年8月出生的。生后不久，村庄遭土匪袭劫。在一个暴风雨的晚上，我随全家逃到了县城，在那里度过了我的孩提时代。6岁上县读小学，读的是'人、手、刀、尺'内容的《共和国教科书》。读书识字对我的最初效益，是我8岁时发现了密藏在父亲皮箱里的《红楼梦》，并偷偷看了，虽并未看懂，但是里面美好善良的好人的不幸遭遇，激起了我的不平。从此开始了对《红楼梦》的喜爱。"

说到这里，他停了一下，端过深红色的保温杯，喝了一口茶。我便乘机说了一个凡读他作品的人往往会思考的问题：他童年生活在那样一个家庭，怎么对土地问题，对劳动人民的生活和命运，具有如此热烈而深沉的感情呢?

"这是一个比较复杂的问题。"他说，"可以说，使我的思想从小就离开传统的轨道，感染我最早的是两个人，即我的母亲和曹雪芹。"

听到这话，我不觉一愣，他似乎察觉到了，便解释说："我的生母是一个佃户的女儿，因为漂亮，被父亲家抢去做了妾。她在家中处于屈辱地位，过着半奴婢的生活。我是她最小的儿子，她一腔心曲，只有对我倾吐，连她和父亲的乳名都告诉我了。她正直温柔，又是个讲故事的能手，语言丰富、生动而饱含感情。她有时哀叹，有时抽泣，有时挂着泪珠发笑。通过她的口，我们家发迹的历史、荒唐的生活和佃户、奴仆们的辛酸史，便像胶片一样装到了我心中。故事所形成的阴惨影子，便永远无法从我眼前拂去了。她还多次告诉我：长大后把这些都写出来，让别人知道妈妈的苦处。”

他的脸上掠过一丝悲戚的表情，用指头点了点微蹙的额，像是在敲一扇门。

“至于曹雪芹，则是由于他的《红楼梦》形象地描绘了一个封建家族不可避免的衰落崩溃的命运。他写的故事，同我身边的人物、情景又有某种相似之处。于是，我对上辈人生活的合理性便产生了怀疑，而对同现实对立的事物，却感到切实和亲近起来。”

这里，我想起他1940年到1941年发表的《科尔沁前史》中的一段话。他说：“我亲眼看见了两个大崩溃，一个是东北草原的整个崩溃下来（包括经济的、政治的、军事的），一个是我的父亲的那一族的老的小的各色各样的灭亡。这使我明白了许许多多的事务，就像在一个古老的私塾里我读完了我的开蒙的一课一样。”

如果说以上是他在私塾里的开蒙，那么以下的经历，便是他在“社会大学”里的深造了。

“1923年，我去天津上学，阅读了大量课外书刊。当时思想较激进的《晨报副刊》《语丝》《创造》《奔流》等报刊，鲁迅、叶圣陶等人的作品，我都很喜欢，郭沫若的《女神》我能全都背诵。鲁迅的《呐喊》和托尔斯泰的《复活》影响我的深度，更是难以用语言来说明。”

他读了一年，因军阀战乱又起，父亲又因做倒卖生意受了亏损，端木蕻良被召回老家，开始了为期多年的自学生活：读书、画画、观察当时东北社会的急剧变化，进一步熟悉了家乡的环境、人物，为他后来的创作积累了素材。父亲死后，1928年，端木蕻良第二次南下天津，考入南开中学读初三。这以后的一年经历，对他思想的定型和走上文学创作道路，都有很大的影响。他说："我进南开中学时，北伐已经失败。但进步力量仍在活动，共产党的地下组织还在。在学校门口小书摊上，可买到混在一般书刊里的违禁书，如列宁的《暴动的艺术》等。学生们思想活跃，纷纷组织各种团体。我参加的就有生物学会、美术学会、学术观摩会等，还担任过生物学会会长。"

他的语调高昂起来，我想，那些风华正茂的年代，大约又回到了他的心中。他边笑边说："我是个不安分的学生，什么活动都想参加。我们还组织了班的文学研究会，超班级的文艺联谊禁会，创办刊物。1931年，当局便借口我们违禁组织抗日救国团，组织学生会，把我开除了。接着，同学们南下请愿，想迫使南京政府抗日。不料行至北京，我因母亲生病住院，便留下了。第二年，我投考大学，同时报考的清华大学历史系和燕京大学生物系都发了录取通知，我选了清华。这一年，我加入了北平左联，并担任宣传工作，编辑《四万万报》和《科学新闻》，每期我们都寄给鲁迅先生。"

"这是否就是您同鲁迅交往的开始呢？"

"也可以这样说吧。记得1933年8月1日，我收到先生一封信，要《科学新闻》更正其转载的关于茅盾被捕的消息，说那是谣言。那时我已不在北平，为逃避白色恐怖，我躲藏在天当二哥家里。想起刊物被封，朋友们逃的逃，散的散，我的思想极为痛苦和颓唐。收到鲁迅（那时他正被通缉）乐观镇定的信后，我真如绝处逢生。他的声音像一线阳光照着我突破黑暗的闸门钻了出来，冰封了的记忆的仓库豁然敞开了，往事又像电影一般呈现在眼前。一种写作的欲望冲击着我，我找来笔、纸，开始写《科尔沁旗草原》。写起来简直到了不能自控的程度，连必不可少的吃饭、散步，都失去了平日的规律。8月18日执笔，12月中旬就完成了。这本书，开始了我的文学生涯。"

《科尔沁旗草原》的成就是突出的，它是抗战以后最早出现的长篇小说，计426页，32万多字。书中以地主首户丁家的发迹与衰败为主线，写了1931年“九一八”前10年东北农村的动荡、变化的情况。封建地主兼并土地，利用商业、高利贷、封建迷信，对农民进行巧取豪夺，在佃户们的血泪、白骨之上建立了他们的“天堂”。但是，在民族资本、外国金融出现之后，在活不下去的佃户们的反抗中，封建地主阶级遇到了不可逃脱的没落的命运。端木蕻良用真实的艺术形象写出了这一历史。著名作家郑振铎看后高兴地写信给作者说：“这样的大著作，实在是使我喜而不寐的！对话方面，尤为自然而漂亮，人物的描状也极深刻。”“预计可以震惊一世人耳目。”著名文学理论家巴人在《直立起来的〈科尔沁旗草原〉》一文中指出：“由于它，中国的新文学，将如元曲之于过去文学，确定了方言给予文学的新生命。”

但《科尔沁旗草原》直到6年之后的1939年，才得以和读者见面。因此，使端木蕻良的名字突现于文坛的并不是这本书，而是1936年发表的短小说，如反映失去土地、备受压榨的东北人民的苦难和反抗的《鸶鹭湖的忧郁》《爷爷为什么不吃高粱米》《浑河的急流》，以及1937年发表的《憎恨》《雪夜》等。作者在《憎恨》中回答了所谓“革命无人性”的攻击。青年农民团子烧死地主的管账，而救出壮狗老虎，正表现了他的强烈爱憎。对于美好的东西他们最讲人性，而对于邪恶，他们就誓不两立了。同年，他的另一部长篇《大地的海》在大型刊物《文学》连载时，他的影响就更大了。该刊在《后记》中写道：“端木之出现于文坛，是去年前值得大书特书的一件事。已发表的短篇已经引起批评界和读者界一致之注意……此篇《大地的海》……作者以他特有的雄健而又‘冷艳’之笔给我们画出了伟大沉郁的原野和朴厚坚强的人民。”

《大地的海》写的是农民护田反筑路的斗争。当时，日、伪、警、宪勾结一气，为了蹂躏农民，他们借口筑路，要毁掉农民赖以生存的庄稼地，在土地上辛苦了一世的老一代农民，即将“回到土地里去”的时候，连葬身之地也失去了；就是一心为日伪服务的青年农民艾虎头，也免不了追求的少女被自己的主人所糟蹋。人们实在活不下去了，于是团结一致，投奔了抗日义勇军。作者用农民自身的痛苦和斗争来教育他们，其教育、鼓舞作用，是切实而有力的。

我问端木老，他自己对这两部长篇小说看法如何？

“这两本书都是一些关于土地的故事，不过各有所侧重。《科尔沁旗草原》以写掠夺土地的地主为主，用我父亲那一族为原型；《大地的海》则是写丧失土地的农民要夺回土地为主，用我母亲那一族为原型；就我自己来说，更喜欢后者。”

“据说您曾经打算：要像巴尔扎克写《人间喜剧》一样，写一套情绪上连贯的《人间传奇》，不知您是否有这种想法？”

“有的。我还曾计划写一套《百哀图》，反映社会底层各种小人物的不幸。但是，1939年以后，日本军阀的侵略活动日益猖獗，我们被迫转徙流离，心中的考虑总是受着生活浪潮的冲击。心里有的东西没有写完，更重要的题目又提到面前；新的感觉未来得及写出，又被更大的巨浪卷向前去。所以，除了参加一些抗日文化活动之外，便只好写一些短篇小说了。这样，《人间传奇》便不能按计划完成。有的稿子也散失了，有的未写完。《百哀图》（不一定一百篇）之三以下，也只有一些篇目了。”

他所说的《人间传奇》，除了前面讲的两书，还有1939年的另一部长篇《大江》。小说通过两个农民出身的抗日战士的成长过程，显示出中华民族坚忍勇猛的性格，歌颂了他们不畏艰难险阻，同敌人奋战到底的精神。1941年开始连载的《大时代》，作者特意标明为《人间传奇》第五部，未完；其他开始连载也未完成的长篇还有《几号门牌》《海港》《上海潮》。这期间，他又发表了揭露政治黑暗、爱国的人们遭受压迫的两个中篇：《新都花絮》与《江南风景》。

有人统计，端木蕻良创作的短篇小说有70多篇，其中有许多脍炙人口的作品，有些已向国外介绍，《雕鹗堡》便是其中之一。我特地请作者谈谈这篇作品的写作背景。

“这篇作品酝酿时期是1932年。那时我在绥远孙殿英部队做抗日宣传工作。部队驻地附近有处地方名雕鹗堡。两山对立，形成很深的山崖，有一处名舍身崖，传说舍身可以造福于他人。有一个农民病了，他的女儿便真的从舍身崖跳下，想用自己的死换来父亲的康复。后来人们就尊她为孝女，立碑供奉。我深感人们受封建束缚的严重，便构思了这篇作品，不过角度完全不同，使用的是象征手法。作品中我用雕鹗象征封建统治。男孩子石龙代表要突破封建束缚、追求光明向上的力量。可惜他尚未被人们理解，连同情他的少女代代也成了村人们的笑柄。我想通过有限来显示无限，即人类往往把自己最真实最美好的东西掩盖或者毁掉，而把虚伪、丑恶的东西当作传家宝传下来。这恐怕是人类特有的悲剧吧！”

“请问端木老，新中国成立以后，您对创作有何新的考虑?”

“我想过。新中国成立以后，情况变了，原来受压迫、受剥削的人当了国家的主人，我便打算写他们在新时代的生活与斗争。我于是选了两个点，一是京郊农村，一是首钢。先去农村参加土改，之后就到首钢体验生活，在那里我和他们一起写了工厂史。我的身体本来不好，在1963年，忽因患高血压而导致身体偏瘫，从此行动受到大限制，原来的种种想法，都心有余而力不足了。根据健康情况的变化，我就使用一些历史材料和文艺作品来编写剧本。”

提起端木老的戏剧创作，计有话剧《突击》《林黛玉》《晴雯》《安娜·卡列尼娜》，京剧《红拂传》《戚继光斩子》《周处》，评剧《梁山伯与祝英台》《罗汉钱》，电影文学剧本《紫荆花开的时候》。

“北京剧团多，有些人鼓励我写剧本；不过，我觉得还是写小说较得心应手，宁愿写小说。”

现在，他正致力于长篇历史人物小说《曹雪芹》的创作。我请他谈谈这部书的创作计划。

“写《曹雪芹》可以说是我的夙愿。记得，早在1942年，我就跟朋友们谈过，我打算续《红楼梦》。我认为高鹗续的四十回，有些地方不符合曹雪芹的意图。我一直在想，像曹雪芹的学识、才能，是完全可以爬上统治者的营垒去的。他却厌弃了这条道路。他是看透了世道不行，社会要没落，因此采取了与之毅然决裂的态度，对正统的思想、文化，对理学坚持批判的立场，直接捅穿。他的思想达到了那个大变革时代的高峰；他的思想是积极的、入世的，对人类是有理想的，因此自甘于穷愁潦倒，含辛茹苦，一字一泪地去写《红楼梦》。只有按照这个思想去续《红楼梦》，才能使全书的创作思想统一起来。我写《曹雪芹》，就是想回答这样一个问题：他为什么要写《红楼梦》？经过多年收集资料，调查研究和思考，曹雪芹和他周围的人，已经在我心里活动起来。1978年秋，我订出写作计划，当年底便动笔了。”

“我打算写100万字左右，分上、中、下三卷出版。一个伟大人物小的时候最难写，尤其是曹雪芹这样一个极复杂的人，写来无所凭依。一个人物的发展又要合乎逻辑，从他的现在要伏见到他的未来，我是想尽量把人物塑造得接近历史人物的本来面目。”

“整部书的内容、情节构思如何，您能大体谈谈吗？”

“我想从两个大的方面写，一是曹雪芹方面，包括他的家世、历史的真实，他如何写作《红楼梦》；二是社会方面，包括当时整个清廷的政治斗争、经济形势，然后到农民起义，还有思想界，几方面交叉发展。”

“您谈到历史真实问题，我想接着请问一句：您写作中历史事实和艺术创造是如何统一的呢？”

“我要尽可能地忠实于历史的真实。但对于细节真实的处理，为了使其形象完整、具体、感人，就需要在历史真实的基础上进行艺术加工。对那些应该有的‘历史真实’，历史上却没有记载，就需要‘杜撰’了。这，我想是不会损害曹雪芹的历史面目的。不过，要是有人根据我的小说去编写曹雪芹的家谱，那就不大妥当了。”

端木蕻良在《曹雪芹》上卷前面的《写在蕉叶上的信》中写道：

“曹雪芹为大观园中的女性控诉，也就是为被压迫阶级控诉的反映。从这开始，展开惊心动魄的历史长河的描写，便在一座小小的‘大观园’里面容纳了整整一部二十四史。”这里写的虽是古人，却也是他写作文字底下血泪故事的新篇章。

载《抗战文艺研究》1984年第2期

骆宾基的答问

潘耀明

以下是笔者于1981年初，以书信形式向骆先生征询的问答。骆先生除介绍了他的近况和创作生活，还缕述了他与萧红女士的交往和关系，是十分珍贵的文学史料。关于后者，从来都是最受争议和最敏感的问题，笔者只是抱着有文照录的原则，除却将答问中涉及的具体人事略作删节外，基本不作更改，至于是非曲直，也不遽下结论，留待读者仲裁。

整理古代典籍

潘耀明：十年浩劫，先生从文坛消失多时，近况如何？特别是关于短篇小说创作方面，有什么新的计划？

骆宾基：近一两年在病中，仍然研究和整理关于我国古代典籍方面的问题，除1973年开始的《金文新考》整理工作之外，今年已完成《尧典金文新考与半坡遗址》一文（约两万字的考据论文，证明早于殷墟甲骨文千年以上唐虞时期的古金文——即青铜彝器图铭的存在），还完成了《诗经批注》（又名《古诗新解》，近10万字）的整理工作。本年山东版《柳泉》创刊号发表的《从〈诗经〉看殷周三世婚姻关系》为后者之例；黑龙江版《学习与探索》（今年第6期）刊载的《关于〈金文新考〉的报告》则是前者之例。

因之，短篇小说未能考虑。脑血栓偏瘫之病，实在不宜于创作，因为要避免情感过于激动，精神过于兴奋的思考。

潘耀明：近年在生活工作方面有什么变化（包括家庭生活和职业生活）？

骆宾基：生活方面，1976年粉碎“四人帮”之后，逐年好转。1977年春迁入新居，是前“三门”的高层楼，虽然并非适宜于写作与养病的环境，但比起居于后门大杂院里，被周围“造反派”所欺，含辱长达十几年，却是不同了。尤其是在精神上解除了所谓“十七年文艺黑线专政论”的枷锁。

工作方面，一早“散步”（持手杖锻炼走路）归来，总要坐下来写两三个钟头，有时控制不住，写的时间就长些，要四五个钟头，而这就影响病体恢复，有时血压会从90至150突然升到120至180，因而写作不能持久，工作在积压着，不容喘息，一般多是眼前的文债，待答的信件。

与萧红的交往

潘耀明：我想不揣冒昧向您求教一个问题，即您与萧红的过往，海外有许多说法，您可以就这一方面谈谈吗？您是什么时候认识萧红的？其间有什么交往？

骆宾基：我是1936年冬与萧军在吴淞口先见面的，次年与萧红的同母弟张秀珂建立了友情，当时萧红先生在日本。

1941年秋到香港，大约10月间，去九龙乐道探望她，这是我们初次见面，谈话不多，她的声音虽然较低，精神却是欣欣然，还嘱她的同居人陪我去吃饭。第二次，她就问及我在写的短篇小说的内容，我则为之口述，萧不但听得欢然而笑，且为之添枝加叶，这就是以后在桂林《文学报》革新号上发表的《生活的意义》，当时萧并告及，她已为我正在《时代文学》上连载的长篇小说《人与土地》画了“题头”画，这时我始知她还会绘画。

12月8日，太平洋战争爆发，当天一早（在日本轰炸机开始轰炸的30分钟之内），我就先去看她，原想商议一起躲到农村，即九龙郊区去避难，这样就必须先协助她，安排她去农村住下来之后，我才能再回自己的寓所去取手稿及衣物等，以相就为邻，有个照应。岂知去后未能脱身，直护送她到香港半山的住宅区，又转铜锣湾，三移思豪大酒店，那已是次日的傍晚了。在乐道，我本答应萧，一定把她安置妥当以后再离开，而且也被她的同居者恳托一助，但我却怎么也想不到一到思豪大酒店，萧的同居人竟不辞而别了！《大公报》记者杨刚来访萧红之后，萧对我说，T[1]随人走了，不再来了！于是作为与病人共患难同生死的护理者的责任就不容推辞地落在我的肩上了！此后朝夕相处44天，而那个T君则在走后的第三十四天又不告而来了（距萧逝世仅仅还有10天），并把行李带到养和医院，说是要陪我护理病人了。关于这些情况，我已在《长春》所刊的《写在〈萧红选集〉出版之前》（1980年第7期）做了简略的回忆。

潘耀明：您对萧红的印象怎样？她逝世前所念念不忘未完成的“那半部红楼”[2]，遭遇如何？

骆宾基：在我的印象中，是个值得生死与共的老大姐式的战友，一个心地善良、讲究灵魂崇高的艺术家，待人亲切、周到，而且从不媚权势。逝世前，始终念念有一天会沿着红军长征路程走一遍，完成别人（冯雪峰）所未完成的“那半部红楼”（当时冯还在上饶集中营，后来才知道，就是他已完成的“那半部红楼”，也早已被敌寇焚毁）。

潘耀明：您的《萧红小传》会再版吗？如果再版，会否做较大的修改呢？

骆宾基：《小传》修订版稿改动不很大（在个别地方、时间、地

① T指端木蕻良。

② 指冯雪峰未完成的以红军长征为题材的长篇小说《卢代之死》。

点方面的错误已有所订正)[①]，以保持作者在战火中和病中的萧红相处期间，萧闲谈所叙的原样，已由黑龙江人民出版社负责付印。这是新中国成立后《萧红小传》在国内第一次重版。

关于“萧红版权之争”

潘耀明： 此地有一二种著作，曾谈及您与有关人等曾为争萧红版权问题而大打官司，未知真相如何?

骆宾基： 矛盾确实有，有时且很尖锐，却与萧红遗著的版权没有半点关系，实质上是真与伪的斗争。本来，新中国成立已30年，根本不想翻过去的老账，在萧红的问题上，就是萧军的女儿萧耘一再托聂绀弩夫人周颖女士向我提出，我都曾婉言谢绝，不想谈，尤其是十年浩劫当中，假话当令，真、善、美带着枷锁与艺术之神同遭囚禁的时候，更不想谈。1976年之后，是“实事求是”四个字与科学当令了!而我还是不想谈过去与这人或那人的矛盾。第一，是不值一谈。第二，是还有很多有意义的事要做，但不行，1978年3月号的《哈尔滨师范学院院报》上首先出现了仍然是黑白颠倒的文章，继之是香港也出现一些传说，作者的话是有来历的，因为1月12日，当T搬进养和医院不告而来时，我确因有人替我护理而告别萧，离开了一夜，但仅仅是一夜之离，却被误会少到医院去，显然作者是不知这以伪代真的首创者是别具目的的，因而我不得不在病中做关于和萧相处的最后44天的回忆谈话，以满足萧耘的要求了。萧军先生在《新文学史料》上发表的《萧红书简辑存注释录》中提到T抱走萧的骨灰瓶的“小注”，不知你注意到了吗?

---

①《萧红小传》，1981年由黑龙江人民出版社出版后，主要做了三处重要修订：一、萧红祖籍鲁西的华县，而非胶东的掖县。二、萧红是1932年秋进入哈尔滨市立第一医院的产科，而非1933年冬。三、留在哈尔滨那所医院妇科的婴儿，并非萧军的孩子。

问题是早已经在太平洋战争开始之次日（1941年12月9日），萧进入思豪大酒店之夜开始，直到44天之后逝于“圣士提反临时医务站”，萧红是独身一人，再也没有什么“终身伴侣”之类的人物在这世界上存在着啦？萧红与T的同居关系随着战争的爆发而在这一天就宣告解除了(骆与萧只是文艺战线上的同时代人的战友关系、道义关系而亲切如姊弟)。这是历史的真实，是不容人以伪善代替的。矛盾本质，就在这里。

1981年2月21日

附：

骆宾基·创作·《金文新考》

50年代末转研文史

早年东北作家群中最年轻的一位——骆宾基，自20世纪50年代末期以迄，在漫长的20多个春秋里，几乎在文坛销声匿迹，就算在粉碎“四人帮”之后，相对其他东北作家如萧军、端木蕻良等人来说，骆宾基也是极少在文坛露面的。1980年笔者在榕城，欣遇龙岩师范学院讲师赖丹先生，并承他推介，与骆宾基先生开始有书信交往，1981年初笔者赴北京，曾往拜访骆宾基先生，承他的热情接待，并了解到他这些年来的生活和创作情况——

1956年，骆宾基由于与胡风稔熟的关系，曾卷进株连广大的“胡风集团”案件，被视作胡风集团的嫌疑分子而审查一年。当年骆宾基只有39岁，时值盛年，猝遭此打击，不禁心灰意冷，便产生与文艺告别的念头，于是把兴趣转移到文史方面，开始钻研古代典籍《诗经》与《古代社会研究》等，因而不得不接触到殷墟甲骨文字之源，以确训诂。后来他便开始搜集诸如《观堂集林》《西清古鉴》《愙斋集古录》等。1958年被下放黑龙江，他把以上史籍陆陆续续地读完，直到

1962年，骆宾基又推翻原议，放弃这方面的研究，因为在研读上述史籍中，他初步对郭沫若在金文研究方面的结论产生疑问，因为他发现了“可能是古五帝时期的金文，应早于殷墟甲骨千年以上”[①]，这无异与郭沫若唱对台戏。后来骆宾基三思而行，终以投鼠忌器，怕继续研究下去，徒生误会和惹来麻烦，只得“鸣金收兵”，这就是后来他为什么又写起《结婚之前》《山区收购站》等文学作品的原因了。

写成《金文新考》

“文革”十年，骆宾基又受到另一次冲击，再次宣告与文学诀别。从1972年开始，由于患了高血压症，他得以半天休假，偷得空间，便在家里重起炉灶，弄起金文的研究来了。照骆宾基的话说，“实际上当时我是找个精神上的避风港，作为求得唯一安慰自己，解决大痛大苦的方法”[②]。打从这开始，他便开始作读书札记，兼及《诗经》《左传》的研究。骆宾基先完成了《诗经批注》，1985年出版，书名《诗经新解与古史新论》，另有《左传新解与古史新辨》待出，继之开始《金文新考》的著述。目前骆宾基已写成一部近10万字的《金文新考》（1987，山西人民出版社）。

这部《金文新考》积累了骆宾基多年来的研究心得，除了《典籍篇》（相当于《金文新考》的序篇），余分三辑，包括《货币集》《兵铭集》《人物集》（鲧、尧、舜、禹四篇）[③]，作者提出以下过去未得出的结论：“中国在公元前4000年，就已经有了青铜。这和埃及的青铜

① 蒋天佐，骆宾基. 蒋天佐与骆宾基谈金文［J］. 学习与探索，1981（3）。

② 蒋天佐，骆宾基. 蒋天佐与骆宾基谈金文［J］. 学习与探索，1981（3）。

③ 骆宾基已完成的《金文新考》，序篇《典籍篇》占10万字，正文40万字，其中《货币集》是对五帝时期，即尧、舜时期的货币略做考证；《人物集》是对鲧、尧、舜、禹这四位历史人物的考证，并结合他们本人的金文彝器——即他们的礼器：记事情的、志族的彝器做了考证，尤令人注目的，是这些青铜彝器上的文章是他们自制的；《兵铭集》则考证了兵器上金文，并提出了与中国著名考古学家王国维“商三句兵跋”不同的观点和结论。

时代开始的公认年限是相同的。”他进一步指出：“1956年在陕西西安半坡遗址的发掘中，就出土过铜片，是由高级合金制成的。半坡遗址经碳素测定的年代，为距今6000年。由此可知，以前定半坡遗址为新石器遗址，那就完全不对了。”

骆宾基以自己的研究心得，希望“纠正金文研究方面的千年之误”——由宋代欧阳修、薛尚功，清末吴大澂和在文字学方面有过卓越贡献的王国维在研究中之“误”，直到现代胡適、鼎堂先生等学者之“误”，骆宾基均提出自己的见解；此外还对“汉学家李约瑟博士的某些论点”，提出了异议。

骆宾基的《金文新考》最初并未得到学术界的重视，1978年他曾向中国社会科学院提出一份《关于〈金文新考〉的报告》。这份报告原定在1979年第5号的《社会科学战线》刊出，临时被抽出，直到1980年《学习与探索》才加以发表。1979年骆宾基又写了第二份报告：《关于夏禹婚宴青铜礼器出土于殷墟的报告》，呈交中国社会科学院。自此后，关于骆宾基研究金文的消息，才陆续在中国报刊披载。

骆宾基对金文研究的成果若何虽未定评，但不管怎样，他的这一研究，是饶有意义的，茅盾生前曾给予鼓励，并为《金文新考》题签。

未了结的文学因缘

骆宾基近几年，除了把主要的精力投入金文研究上外，他的文学因缘也未真正了结，1980年，他又重拾文学之笔，整理出一部故事电影文学剧本《镜泊湖畔》[①]，共约6万字，描叙九一八事变后，原东北军营长王德林在民族大义的感召下，率兵起义，并改编为“抗日救国军”的经过。王德林后来成了“抗日救国军”的司令，受到老百姓的拥护。这个剧本是以真人真事为题材，加以文学的处理。骆宾基保有他粗犷的风格和对人物个性的成功刻画，是宝刀未老的例证。

---

① 骆宾基．镜泊湖畔［J］．电影创作，1981（12）：28～61。

后来骆宾基还告诉我，他从1982年开始，写一部“回忆录”，名《文学生涯回忆录》，全书分三部，共约60万字。此外他已整理出版的有《骆宾基短篇小说选》（1980，人民文学出版社）、《萧红小传》（1981，黑龙江人民出版社）和整理修订《幼年》和《少年》（1982，文化艺术出版社）。

“根生大地，渴饮甘泉”

骆宾基在北京前门西大街一幢新厦的书斋，挂了作家管桦的一帧墨竹，并题有“根生大地，渴饮甘泉”八个字。这八个字颇能反映骆宾基近半个世纪的追求。骆宾基今年65岁——比萧军少10岁，比萧红少6岁，他原名张璞君，1917年春诞生于吉林省珲春县一个茶商的家庭，祖籍山东。他以文艺为职业46个年头，除了1949年后的两次入“牛棚”——涉入“胡风集团”案和“文革”的冲击，在1949年前也有两次身陷缧绁的记录，1944年冬，骆宾基与另一个作家丰村在离开酆都码头之前，为当地军统机关所逮捕，以“左倾”为名把他单独羁押在“稽查所”，连续两次受刑，以致重伤，后由冯玉祥、邵力子营救出来；第二次是1947年3月，当他与其他人一行六人，拟随陈健中（当年沈阳东北青年协会代表）离开长春市，经农安赴解放区（哈尔滨）时，在市郊被杜聿明特刑部队所拘捕，当夜押解沈阳，这次险些送命。骆宾基仅称自己是民盟周鲸文的私人代表[①]，又由于《大公报》发出消息，得以缓刑，不久又因暴露政治立场，几乎被枪决，解南京后时逢蒋介石下野，李宗仁上台，骆宾基才以“政治犯”获特赦，逃过劫运。骆宾基对光明追求之热烈，于此也可见一斑。

与萧红的邂逅

骆宾基的文学道路是从19岁开始的。1933年春父亲病故，无力

---

① 骆宾基．骆宾基短篇小说选［M］．北京：人民文学出版社，1980：493。

供他继续升学，1935年他曾意图越境到苏联求学未果，1936年5月他怀着一丝希望南下，跑到冒险家乐园的上海，住在法租界，开始写他的第一部文学作品——《边陲线上》，这是以抗日救国军为题材的长篇小说，当时他已完成了一半，便效法萧军（萧军的《八月的乡村》由鲁迅推荐，并在上海出版），把稿寄给鲁迅，但鲁迅当时已身染沉疴，不能代为推介了。后来茅盾看了骆宾基寄去的誊清稿，答应代为介绍出版社，并获得萧军的鼓励，可是天马书店正在准备发排这部长篇之际，全面抗战开始（本书于1939年由上海文化生活出版社出版），骆宾基不得不暂时结束“亭子间”的生活。倒是在1937年初，时当高尔基逝世一周年，骆宾基在上海《东方快报》发表了第一篇文章：《高尔基永远活在我们心中》，同年9月，在《呐喊》发表了《大上海的一日》，受到冯雪峰重视。

20世纪40年代是骆宾基的重要创作期。1940年冬初，骆宾基到了桂林，在聂绀弩的帮助下得以在桂林安居下来，创作欲焰炽旺，发表了中篇小说《吴非有》（载《自由中国》），短篇《寂寞》，童话《鹦鹉和燕子》（后由文化供应社出版）和长篇小说《人与土地》。1941年皖南事变发生，骆宾基由广州湾去澳门转香港，并住在时代书店的宿舍，开始为《笔谈》写中篇连载《罪证》，并把《人与土地》交《时代文学》连载，不久邂逅了卧病的萧红，在战乱中照顾萧红44天，“谱写着纯真深挚、为俗人永远不得理解的文坛佳话”[①]，这成了骆宾基后来所写的《萧红小传》（1947，建文书店）的素材。在萧红病逝后，骆宾基转道澳门返桂林。

作品有着自然朴美

返回桂林后，骆宾基与聂绀弩合编《文学报》，但第二期即遭查禁，遂埋头写第三部长篇小说《姜步畏家史》，这是自传体的小说，

---

① 阎纯德．他，举着生命的火把——记骆宾基［J］．小说林，1981（2）：76。

字里行间散发着东北原始森林、关外黑土的芬芳，第一部《混沌》（又名《幼年》）1944年在桂林出版；第二部《氤氲》（又名《少年》；1953，上海新群出版社）则是写于1945年；此外，这一时期还写了短篇小说集《北望园的春天》（1942，《文学创作》）等。《北望园的春天》为一篇小说的题目，是散文体的小说，写得浑朴感人。小说中永远带着温文尔雅微笑的林美娜、执着拘谨的赵人杰和以绅士风度自恃的杨村农等人物，充满逼真和立体感，作者把大后方知识分子的迂腐、寒酸、可憎、可厌、可亲、可爱的特性刻画得恰如其分。骆宾基当时对于短篇小说的创作，是颇为称心如意的。

1949年后，他先后写了《张保洛的回忆》（1951，山东新华书店）、短篇小说《年假》（1956，作家出版社）、《老魏俊与芳芳》（1958，作家出版社）、《山区收购站》（1963，作家出版社）等。其中短篇《山区收购站》写得尤其好，它成功塑造了三个具有鲜明特性的艺术形象，英气勃发的供销社主任曹英，精通业务、责任心强的王子修，精明能干的副业主任陈老三。王子修是一个以旧眼光看新事物的人，所以他与陈老三原是多年老友而格格不入，令一桩互利的山货交易搁浅，相反曹英与陈老三是新相识，却一见如故，正因为后者抓住矛盾的本质，很快便把一桩生意做成了。作者运用绘彩镏金的画笔，把东北山区的生活和劳动人民豪犷、善良的本性描活了！

骆宾基是现实主义的作家，但他经常用浪漫的手法，抒写生活中的事物，笔者特别欣赏他对黑龙江一带的农村、林区、草原、山区的风物描写。它们如用彩奔放的油画，激荡着一股大自然的山野气息的朴美，还有线条粗犷的浮雕式人物，散发出诱人的魅力。

1982年5月30日脱稿

1988年8月10日修订

选自潘耀明著《字游：大家访谈录》，人民日报出版社，2013年12月版

“留把春秋在案头”

——访老作家骆宾基

张胜捷

阳春三月，中国作家协会北京分会副主席老作家骆宾基同志重新入党了。他以《三月书怀》为题，写了律诗一首，诗曰：

秉奉马列竹为骨，献身党业诗化魂。
立论直系五帝史，把笔横扫千年尘。

诗里表达了他对共产主义坚定的信念，以及对祖国文化遗产所持的革命批判态度。

“七一”前夕，骆宾基同志在庄严的《国际歌》声中，举起右手，面对党旗，向党宣誓。会后，他又赋得《宣誓归来》，进一步抒发了情怀：

六五之岁志半酬，留把春秋在案头。
竹笔且作标杆用，四千年前测源流。

老骆今年整整65岁，然而老骥伏枥，他壮心不减当年。入党后，他要将宝贵的“春秋”留在“案头”，在有生之年，以笔当作标杆，去探索、踏勘祖国古文明的历史“源流”。这是何等的壮志雄心啊！

他的入党消息，像夏日的熏风，不胫而走，老友新知纷纷函电相庆。对于来自社会各界人士的“雅意”和“厚望”，老骆拿出上面那两首七言新律，在《北京日报》发表，以为酬答。

我是从外地组稿回到北京后才读到报上的消息和他那两首言志诗的。作为一个编辑和晚辈的我，一向对他十分敬重。虽说我同老骆接触不多，但他的为人和品格早被文艺界所称道。我从老骆身上看到了那种具有老农式的纯朴、耿直的性格，对真理孜孜不倦追求的韧性精神，以及在任何情况下不讲假话的美德。

事情要追溯到十年内乱前夕。那时我刚调到北京市文联不久，在我还不认识老骆之前，“史无前例”的“革命”开始了。当时，被揪出来的所谓“牛鬼蛇神”中，老骆是首当其冲的一个。记得在一个寒冷的冬天早晨，文联要召开批斗会，只见一个中等个头的老头儿，披着一件大衣，步履维艰地走进会场。他，头发很长，一脸络腮胡子。有人指点说，他就是“顽固不化”的骆宾基。记得当时有逼他承认这样几个问题：一、30年代文艺是黑线统治。二、邵荃麟是反革命修正主义分子。三、冯雪峰是大叛徒。四、骆宾基是文艺黑线代表人物。

面对这一连串大是大非问题，老骆似乎胸有成竹，慢条斯理地逐条加以反驳，他说道：“30年代文艺有党的领导，是红是黑，有案可查，作为一个过来人，我心里是清楚的！

“邵荃麟其人，我记得过去有人叫他‘圣人’，在我的一贯印象里，他是党内的文艺理论家，确实是个好同志……

“至于冯雪峰，他在皖南事变后被关进上饶集中营，后经人保释。所谓‘自首’云云，纯系别有用心的小报所制造的谣言，流言岂可作为证据……

“说到我骆某，一个穷学生，流亡关内来，在黑暗中寻求光明，长期受到党的教育，可以说，没有共产党也就没有我今天的骆宾基！”

这就是我第一次见到他所留下的印象。后来，我耳闻目睹无数次

“批斗”他的场景。但他那些“口供”，在任何压力下都没有改变过。因为这样，他成了“三名三高”中挨斗最多的一个。好心的同志曾私下规劝他，要“灵活”一点，“好汉不吃眼前亏”。然而，老骆每每听到这些忠告时，总是激动地摊开双手对人说：“歪曲、篡改历史，那是要受历史惩罚的，我怎么可以在历史真相前面任意去涂抹，闭着眼说瞎话呢？”直到1969年，我和文联其他“老九”下放农村劳动，而老骆因问题没有了结仍留在学习班“审查”。两年半后，我上调回京，又过了很长一段时间，才听说老骆被“解放”了。可是他不能回原单位去。用当时的流行说法是：旧文联的老伙计不许再回黑店扎窝。老骆被当作“养起来”的人员给安置到北京市文史研究馆去了。但他到了那里，并没有“赋闲”，他一面积极治病，一面专心治学。前年，老骆将他发表在《学习与探索》杂志上的论文《关于〈金文新考〉的报告》送我。当我读完这篇洋洋洒洒的大作时，我才第一次领略到他在上古史和考古学方面，原来有如此深厚的功底。

有一次，我问他：“您这么个大作家，为何不多写几部小说，怎么有兴致弄起古金文这个玩意儿呢？”老骆笑笑说：“在那‘全面专政’的年代里，像我这号人还能够写小说吗？弄不好，一顶‘复辟回潮’的帽子随时会飞过来。当然，活着不能白吃农民的粮食，总得干点事，这样就同金文结了缘。这种研究兴许还有点用处……”

回顾往事到今天老骆重新入党，看来这一切似乎都是顺理成章的发展，我打心眼里为老骆的入党而高兴。在文化战线上，我们党内又多了一支铁笔，这岂不是文艺界的一件喜事吗？为此，我当即写了一封道贺信，因许久没有去看他，信里附带提了一句想念之意。过不几天，我收到老骆那独具笔致的复信，除了向我答谢外，并邀我有暇到他家里去“谈天”。

一天下午，我去前三门的一栋高层寓所拜访老骆。我只知道，他去年发表了一个有关东北抗联题材的电影文学剧本《镜泊湖畔》，新近《左传批注》又脱稿了。而不知最近他又在想些什么，写些什么。

老骆拿出一沓厚厚的手稿，递到我手里。我一看题目“释‘亚’‘旅’”有点迷惑不解。老骆便给我讲起写这篇文字的由来。原来，今年6月，《人民日报》发表了一篇专访文章，讲到美国有个女博士，名叫亨莉埃特·默茨的，她克服了种种困难，自费出版了一本叫《淡淡的墨迹》的书，探讨了古代中国人同美洲的关系。她得出结论说，中国人早在公元前2200年就到达过美洲。最近又获悉，从美国西部海域发现了古代石制船具，给这位女博士的论点提供了新的证据。而且还听说，这位女博士很想知道中国学者对此有何看法。这件事，使老骆也深为感动，而且引起了他研究的兴趣。可以这样说，老骆所写的这篇考证文章正是对美国那位女博士的一个回答和支持。老骆从古文字上选择“亚”“旅”两个字，加以研究考证，验证了我们祖先在公元前2200年间确实到过美洲。这个说法是有充分科学根据的。我对此并无发言权，但我从老骆手稿的字里行间，看到了他的中华民族自豪感和爱国主义激情。

我们的谈天，从治学转移到他新近重新入党这件事上来。老骆略有所思，扳着指头对我叙说：“总括我的大半生，大体经历了从追随党、入党、失掉关系、找党直到重新入党几个阶段，思想上树起过四个里程碑。

“1934年到1935年，我在北京图书馆自学，住在山东会馆，读了一些马列的书，初步确立了革命人生观，认识到社会发展的客观规律，这是我思想上第一个里程碑。

“从1936年我开始写些东西，逐步接近了党，例如，与王任叔（巴人）有来往，茅盾介绍出版我的长篇，冯雪峰同我谈过话。我记得冯向我讲过‘民族的希望在西北’一类话，那时党对我进行了具体帮助，印象最深的莫过于‘双十二’事变。当时进步青年都主张杀掉蒋介石，但结果是和平解决了，把蒋放了。大家想不通。经过党做工作，我才明白过来。如果杀蒋，后果是引起内战，日本侵略者乘虚而入，中国就有亡国的危险；而逼蒋抗日，促成统一战线，才是拯救中国的唯一出路。这时，我才真正体会到党的胸襟博大，政治上有远见卓识。可说这是我思想上第二个里程碑。

“而1937年到1938年，我在浙江绍兴编《战旗》，1938年在浙东嵊县茶场开展抗日救亡运动期间入了党。这是第三个里程碑。上面这三个里程碑从时间上看都很短暂，1940年我到苏北新四军去，在变动中失掉了组织关系。此后就进入漫长的找党时期。当时丢了关系，我仿佛丢了魂似的。记得有一次坐在车上，两眼直发愣，我本来不晕车的，那次却吐了一地，难受之情难以形容。后来，找到雪峰同志，他安慰我鼓励我，要我学习鲁迅先生的精神，并资助我去大后方桂林，后又辗转到了重庆。有一天，我同聂绀弩（他当时也失掉了关系）一起去《新华日报》找周恩来同志。我们说明来意，周说，聂的事他了解，并指示我去找徐冰。因种种缘故，未能如愿。1949年初春，我到上海，准备前去东北。雪峰同志在上海嘱咐我路过北京时可找董老或徐冰谈，结果也因故未能谋面。新中国成立后，我在山东工作，因在东北被捕事有待查清，组织问题一时无法解决。到了1955年，我在北京剧本研究所工作期间，由葛琴、刘溪介绍入党，后报中宣部审批，不料这时胡风问题出来了，我又因嫌疑而受审，入党问题又拖下来了。但我并不因此而灰心。

“60年代里，受了冲击，我并不气馁。粉碎‘四人帮’后，我感到党给我带来了第二次解放，特别是党的十一届三中全会和六中全会以来，我国已跨入一个全面建设的新时期。我在党的十二大召开前夕，深感自己大半生追随着党，而至今还不是一个党员，有愧于党的长期教育培养。这样，1982年3月22日由雷加、古立高两同志介绍，我重新入党问题终于解决了。党给了我珍贵的政治生命，这就算是第四个里程碑吧。……不过，对我说来，人到晚年，时间已经不多了，但在党的十二大精神鼓舞下，我要振奋精神，在精神文明建设方面，为党为人民多尽一份心力。”

老骆侃侃而谈，我默默静听。

从他一生追随党的经历中，可看到他“秉奉马列”“献身党业”的高贵品格。老骆的一生可谓坎坷，贫困，战乱，流离颠沛，无数次的审查和监禁，从他精神到肉体上，都程度不同地留下了伤痕，但这一切并没有挫败他那革命的锐气，也从来没有见到老骆为此而感到委屈或抱怨过。老骆常说，人遇逆境，要“伤而不悲”“哀而不怨”，始终相信党，乌云总要散去，雨过自会天晴。正如老骆为女作家刘溪的长篇小说《功与罪》所写的“代序”中所说的那样：“绝不会由于个人的命运的不幸，而对革命和祖国的社会主义建设丧失信心，抛掉手中的战戟，放弃在当代革命现实主义阵地上自己所担当的崇高职责的。”这些话是对刘溪的评价。我以为，用在老骆身上，也同样是适当的。一个同志要做到在逆境中始终如一地坚持跟党走，不灰心不气馁，如果没有坚定的信念、很高的思想境界和品德修养的话，我想是难以做到的。

老骆不仅学识渊博，阅历广，而且才思敏捷，见解精粹。大凡他看过的好作品，他总是挂在嘴边，逢人要宣传一番。前不久，他在女儿的陪伴下，到北京郊区一个大队去生活了一段时间，他看到三中全会后农村落实经济政策的动人情景，深受鼓舞。老骆说：“现在农村经济搞活了，老百姓叫它‘富民政策’，这是多么该大书特书的事啊！”

“留把春秋在案头。”祝愿和期待老骆，今后为党为人民谱写出更多更新的篇章来！

载《新观察》1982年第21期

访骆宾基

赵　成

一路上，不知为什么，脑子里总盘旋着林斤澜小说《阳台》里那位“红点子”老头儿的身影。“红点子”在“文革”中受尽精神和肉体凌辱。让他在空屋子里站着自罚，他能画地为牢，即使无人监督，也绝不移动一步。真是一个少有的“顺民”。可是，要他放弃信仰，亲口否定20世纪30年代把他引上革命道路的那条“红线”，他会像一头犟牛，任你割断它的脖子，也休想使它就范。他是造反派始终未能攻克的一个顽固的“信念堡垒”。“红点子”给我留下的最深印象，是“匹夫不可夺志”。“红点子”老头儿的个性，有些像骆宾基。

伸手按门铃的时候，我突然意识到自己来得早了。走廊里静悄悄的，我担心骆老还在床上。偌大年纪，身体多病，夜里又要写作，一般是要睡早觉的。可是，骆老居然迈着蹒跚的脚步出来开门了。这是一位平和温良的老作家，不论见了生人熟人，从不热情寒暄。当我掏出采访本说明来意时，他作难了，神色抑郁地说：“不要写我了，我们活着的人，做事不多，宣传太多。我刚从冯雪峰的家乡回来，你写写冯雪峰吧，他才真正值得大写特写。”接着他就不管不顾地把他最近去冯雪峰家乡参加冯雪峰纪念活动的经过说了一遍，话里充满深沉的哀思和悼念。“雪峰的为人，堪称共产党人的楷模。他大公无私，为革命赤胆忠心，真是邓小平式的人物。我们这些七老八十的人来到他的故乡，瞻望他的遗迹，都有‘朝圣’之感。”说到这里，我发现他眼里有亮晶晶的东西在闪动。他似乎怕我这个晚辈人听不懂，又详细说了他在新中国成立前与雪峰的几次接触。骆宾基是20世纪30年代在鲁迅和左联影响下走上文学创作道路的。他的文学活动一开始，就受到当时党在上海文艺界的负责人冯雪峰的重视。雪峰在鲁迅先生的客室里对他说：“民族的希望在西北，我们在东南只能做一些宣传工作。”从此，他的文学创作活动，就在党的影响和领导下，与中国革命紧紧地连在一起了。随着革命形势的变化和“大后方”斗争的需要，他往返于上海、桂林、重庆、广州、香港等地，曾两次被捕入狱，酷刑之下，都经受住了考验，被党营救出来。每到关键时刻，他都从雪峰那里得到力量。所以，他满怀深情地说：“是雪峰把我一步一步带到中国革命史的高峰上的。”我想，这大概就是他在“文革”中拼命维护20世纪30年代那条红线的缘由吧。

“骆老，您近来在写什么？”在他停下话头陷入沉思的时候，我趁机把他拉到现实中来，让他入题。

“写我的文学生涯回忆录。在我的文学生涯中，有一双双温暖的手不断地把我从迷惘中拉到革命道路上来，我不能忘掉他们，我要通过自己一生的文学道路，把这些启蒙者和引导者一个个都写下来，留给后人。其他还要做些文稿的收集整理工作。能做完这些，也就差不多了。”最后一句话显得过于苍凉和沉重。

“您不是还在写反映现实题材的作品吗？”在我的印象里，骆宾基在新中国成立后一直注重反映现实生活，“文革”前，他先后在山东、黑龙江等地深入生活，写了大量反映农村社会主义新生活的小说。“文革”中，他的身体受到严重摧残，在病床上，开始研究金文，先后写出了《春秋批注》《金文新考》《货币集》《兵铭集》《人物集》《典籍篇》等40多万字的著作，填补了中国上古史的空白。可是，十一届三中全会以后，好像有一种神奇的力量注入他这瘫痪之躯，使他又回到现实中来。他说：“我本来只打算写回忆录，可是现实生活总像磁铁一样吸引着我，使我不能置之不理。其实，写历史也离不开现实，需要从现实生活中取得激情和力量。”开了这个话题，他神色骤然变了，沉重情绪为之一扫，眸子里充溢着抑制不住的兴奋和激动。他讲起不久前在房山窦店大队深入生活的情景。

那是一个偶然的机会，他在一次会议上听到窦店大队党支部书记的一次简短讲话。说过去全市有名的穷窦店，一个劳动日值只有一毛三分九，社员穷得连盐都吃不起，全队欠国家粮食10万多斤。三中全会后搞生产责任制以来，很快改变了面貌，劳动日值提高了20多倍，达到二元八毛多。钱多粮足，六畜兴旺，热气腾腾。去年买国库券时，上级限定全队不要超过7000元，可社员们一下就买了17000元，如今全队私人存款已达20多万元。听到这种变化，骆老兴奋得一夜没睡着，非要去窦店亲眼看看不可。可是身体不行，一个人行动不便，怕给大队增加负担，就让女儿扶着他去。谁知，一看就把他粘住了，他索性与女儿一起在大队住下来，天天到田里、猪场、缝纫厂去转，找社员、干部交谈，装了一脑子，记了一本子，不知是由于农村空气好，还是社员们热情的灌注，他觉得浑身舒坦，腿脚灵便多了。就像充足了电的电瓶，总觉得有热的东西在躯体里滚动，这大概就是所谓的“创作冲动”吧。本来他擅长的是写小说，可是他耳闻目睹的一切，比他可能虚构出来的东西还神奇、动人，于是就索性用真人真事写了一篇报告文学——《八十年代农业的里程碑》。文中以大量动人的事实说明，在窦店，“三大差别”正在大幅度缩小。写完后，他从头至尾看了一遍，像产妇端详自己的宁馨儿，然后热热乎乎地寄给了一个杂志编辑部。谁知，回答他的却是一瓢冰水，一位编辑死活不相信他写的事实都是真的，认为他拔得太高，怀疑文中有浮夸成分，让他修改、降调。浮夸，这还了得，几十年的一个惨痛教训居然在骆宾基笔下复活了，他觉得自己受到了屈辱，不，是真实的生活受到了屈辱！他生气地说：“是真是假，你们应当到生活中去核实，坐在办公室里判断是不能作数的。”他说什么也不肯修改、降调，硬撅撅地把稿子要回来投到别处去了。这使我再一次想到“红点子”老头儿那股倔强劲儿。

最后，他深有感触地说：“生活已经跑到前头去了，我们有些同志连看都不去看一眼，单凭主观感觉就断定‘不是真的’，这多误事！”说着，他从床头拿出玉林地区的一本杂志，指着里面的一篇报告文学说：“这篇东西文字不够老练，可是它是真正从生活中来的，时代感生活气息很浓，这才是我们80年代的文学！不在生活当中，是写不出这种作品来的。对文学创作来说，生活内容永远是最主要的东西，表现方法是次要的。一个作家在生活中掉了队，艺术上要上去是不可能的。”

屋子里不知什么时候热了起来，看看表，已近中午，我想到骆老需要休息，就匆忙告辞了。出门的时候，我脑子里的“红点子”又活跃起来了。

载《北京文学》1984年第1期

作家与时代

——访骆宾基

吴松亭

老作家骆宾基，早在20世纪30年代就以自己的作品驰骋于左翼文坛，在爱国的读者群中享有盛名。他那时的作品有长篇小说《边陲线上》《人与土地》，中篇小说《罪证》，短篇小说《乡亲——康天刚》《老女仆》《北望园的春天》等。新中国成立后，新的生活更激发了作家的创作热情，写出了充满新意的短篇佳作，其中包括《父女俩》《夜走黄泥岗》《山区收购站》等一批小说。此时，骆宾基的短篇小说创作已有了新的发展和突破，在艺术风格上也自成一家，在文艺界和读者中产生了深广的影响。近十年来，他又悉心研究金文，写出了《金文新考》《诗经新解与古史新论》等几十万字的学术著作。然而，他不因治金文而忘却文学，对当前文学的繁荣和发展依旧关注如故。

在老作家骆宾基面前，我是一个后学者、一名普通编辑，但谈话中我丝毫没有拘束的感觉，完全被他那非常透辟的见解和慢声细语的言辞所吸引，而忘却了一切。交谈似乎没有一个中心，不过无形中又有着一种默契，始终围绕着一个内容进行，即作家忠实于时代，时代孕育了优秀作品。

话题从女作家张洁开始。张洁在一篇文章中满怀感激之情谈到骆宾基对她的帮助。我希望了解个中真情。骆宾基开朗地笑着说："她在文章中提到我对她的帮助，指的是获奖小说《从森林里来的孩子》。"原来，骆宾基与张洁的父亲是多年相处的朋友，对张洁的爱好文学一直关心备至，张洁拿作品向他请教，他总是耐心地阅读。认为她很有写作才能，只是选材上有问题。1977年冬，一天，散文女作家丁宁向骆宾基讲述了关于当时大专院校招考中出现的一些真实感人的事迹。提到中央音乐学院，这次招考七名吹长管的学生，报考的学生很多，有一个从东北来的考生，因身上带的钱不多，就不住旅馆而逗留在车站上。好心人劝此青年找一位有名望的专家先听听他吹奏的曲子，如果没有希望就早点回去，免得长期逗留车站。青年找到一位教授家里，教授听他吹奏了一个难度很大的曲子，惊奇地发现他是一个难得的人才，就主动提出让他住在自己的家里。后来，这个青年终于被音乐学院录取。不久，老作家叶君健又给骆宾基讲述了类似的故事：一位报考唢呐专业的壮族青年，赶到北京时已迟到了，别人都已在进行复试。在他再三请求下，主考的老师让他吹奏了一个曲子，在场的老师和考生听了之后，都为他的艺术造诣所倾倒，所有参加复试的考生都发扬风格，让出一个名额公推他为考试的第一名录取者。骆宾基将这两个真实的故事合而为一，向张洁做了转述，认为这才是能反映当前时代精神的题材，要张洁来写，并认为她一定能写好。张洁深受感动，终于未出骆的预料，写出了脍炙人口的优秀短篇小说《从森林里来的孩子》。骆宾基补充说："当时提供给张洁的素材是很简单的，张洁充分发挥了自己的艺术创造才能。"听了骆宾基这样感人肺腑的话语，我立即联想到传为美谈的普希金给果戈理提供素材的事例，作家之间的友谊竟会如此惊人地相似和重复。如果说二者的相似之中还有不同的话，那就是一为同辈作家之间的友谊，一为前辈作家对后学者的热心提携。我们不是一再强调提倡传帮带吗？骆宾基对青年作家的态度就是一个可资学习的楷模。

“张洁是有才华的，但她离开了我们这个伟大的变革时代，《从森林里来的孩子》也是产生不出来的。”骆宾基继续发挥他对文学创作的见解。他说，如果不是粉碎“四人帮”之后党对人才的重视，如果没有老教授、主考老师对人才的发现以及考生们的发扬风格，上述故事中的艺术人才就一定要被埋没，《从森林里来的孩子》就不会问世，而张洁的艺术才华也就不可能及早地显示出来。新时期的文学创作中，已涌现了一批年轻有为的作家，北京作家群中就有不少像张洁这样的青年作家，是在粉碎“四人帮”之后才崭露头角的，他们都是时代孕育出来的。

高尔基曾强调过文学要跟生活步调一致。在和骆宾基的交谈中，老作家也是强调深入生活的重要性和作品要及时反映时代生活的发展变化的。对于那些及时反映时代的搏动、社会的前进、生活的变化的作品，他都给予了充分的肯定和热情的赞扬。刘绍棠的《小荷才露尖尖角》、叶文玲的《舅公》、戈悟觉的《筵席曲》等，他认为是写得有时代感、有生活气息的作品，并为这些作品未得到足够的评论感到遗憾。他说，这几个作品都是跟生活步调一致的，真实地反映了三中全会以来农村的迅速变化和发展；尤其是在农村实行了新的经济政策之后，农民经济生活开始富裕以及由此产生的心理的深刻变化，在作品中得到了生动而深入的反映。三中全会以后，改变了过去束缚农民积极性的一些过左的政策。这些作品好就好在反映了变革中的现实，体现了时代的特点，显示出人们的新的精神面貌。这些小说的缺点是结尾还不够简练，再简练一点就是契诃夫式的小说了。

听了骆宾基对当前的一些创作问题和作家作品的评述，很受启发，于是我就乘势请他谈谈《山区收购站》和《夜走黄泥岗》的创作，他欣然同意了。

谈到《山区收购站》的创作，他说：“这篇小说同样是从生活里来的。1958年下放黑龙江，我到了牡丹江地区的苇河公社，挂名公社副主任，在那里工作了一年。我到那里去，并没有想到要搞创作，后来重新执笔时，这一段生活却是很有好处的，《山区收购站》的创作与这段生活就分不开。那里有养蜂的、打猎的，在苇河街上的收购站有一位老师傅，我常与他聊天，关于皮毛、山货、野生动物的知识，就是从他那里获得的。小说中的王子修，就是以他为模特儿的，当然作品中的人物已有了很大的加工。关于畜牧业的生活知识，我还从其他地方学到不少。譬如我还参加过黑龙江省畜牧手先进工作者代表会，这个会是在萨克图召开的，在那里我接触到许多畜牧手的先进事迹，这对于写好《山区收购站》也是有益的。至于小说中所表现的购销上的矛盾，也是生活中的矛盾触动了我，而后反映到作品中去的。这里需要谈到两件事。一是在苇河公社时，我同公社主任到山区的冲河去视察，那里的收购站与供销社是由一个主任负责。这里产生了购销上的矛盾，一方面山葡萄收得多，运不出去，损失很大；另一方面，买酒的人多，供销社又没有酒卖。社主任为了解决这个购销矛盾，就决定由社里自己用山葡萄做酒。二是1957年我在北京原南苑金星公社蹲点时，发现这样一个问题：社员分到棉花后不到本地收购站去卖，而是跑到几十里外的河北省境内去卖，说是那里的收购站不压价。我问收购站的人，他们却说农民的要求是不能满足的。这两件事合在一起，引起我的深思，于是把压价的问题放在王子修身上，冲河的社主任就写成了曹英这个人物。我认为这两件事都反映出同一个问题，即如何正确对待群众的利益。同时，我还考虑到一个时代感的问题如何表现。于是，我在作品中又着重从曹英与王子修的对比中，写出曹英与社员群众的互相信任，表现出社会主义现实生活中人与人之间的新型关系。我将小说的主人公曹英设计成高小毕业生，也是从生活的发展考虑的，因为农村很需要有文化的青年，而当时党也号召中小学毕业生上山下乡，这样写也是使小说具有时代感的一个原因。不过，我写的曹英是经过实际工作锻炼的，这样写，她的工作魄力、群众关系等就真实可信。”

与老作家骆宾基的一席谈话，给我许多启发。我想，这些谈话的内容，对于文学界的青年朋友和文学爱好者，同样会是有帮助的，这就是我写这篇东西的动因。

选自齐彬编《作家剪影》，中国文联出版公司，1986年9月版

追求与信念
——访舒群

叶伯泉

金鸡之年，盛夏时节，京华之地。应《北方文学》编辑部之约，我两次拜访了著名作家舒群同志。

舒群同志，略高的身材，背部微微弓起，宽阔的前额，深邃的目光，面孔黝黑而消瘦。配上那身普通的衣履，活像个辛勤耕耘的老农，给人以敦厚、朴实的感觉。

“今天我身体不济，正犯病，前些年手术留下的后遗症。我只能跟你谈一个钟头。”舒群同志说，微微喘息着，声音颤抖，低而慢。

我一阵感动。但我离京在即，时间紧迫；更主要的，我很想听听这位道路坎坷、遭遇不幸的老作家过去的经历，现在的生活和未来的打算。我还是怀着歉意，鼓起勇气，说明了我的来意。

“这两三年来，有人在写我的生平传记，有人在写我的小说评论。也有的外国人在研究我，要写博士论文。其实，我也没有什么值得写的。”舒群同志说，“我从小遭难，一直在灾难中生长。我的家就是个‘悲惨世界’啊！”

话题拉开，舒群同志时而躺着，时而坐起，时而站立，时而激昂，时而愤懑，时而欣慰，给我讲述了他那遥远的过去……

舒群，原名李书堂，1913年9月20日出生在哈尔滨的一个贫苦工人家庭。他的父亲是参加修建三十六棚的泥瓦匠，也做过铜匠等多种杂工。迫于生活，他经常携家奔波，颠沛流离，阿城、一面坡、哈尔滨，都曾留下了他那艰难的脚印。晚年，为了养家糊口，他不得不在哈尔滨街头摆香烟摊，还时常拎着桶去附近的大饭店讨要残羹剩饭。1932年，松花江决堤，洪水无情，房屋冲垮，一家人无处存身，被迫进了难民收容所，沦为乞丐。

随着舒群同志的回忆，我不禁想到，怪不得他早年创作时用了“黑人”的笔名，也难怪他当年曾写过《流浪人的消息》《跄踉的步子》等作品。原来，这里记录着他的辛酸，浸满了他的血泪，是他“旅程上之一页”啊！

舒群7岁那年，在阿城入西营小学读书，因无钱做制服，被赶出了校门。

15岁投考哈尔滨一中，名列前茅，但因缴不上伙食费，只念了一个月，就被取消了学籍。为了帮助父亲维持家计，这个生命力正旺盛的少年，不得不去当了个给死人做金牛玉女、纸牛纸马的扎彩铺的学徒。

这时，他认识一个朝鲜孩子，很同情他的遭遇，把他介绍给自己的老师——一位苏联姑娘。因这位女教师的帮助，他进了中东铁路办的苏联子弟中学。但不久，他这个“黑人”就被哈尔滨特别教育厅的督学查了出来，被赶出了苏联中学。

1930年，好容易在哈尔滨一中读完了初中，经两位热心的老师帮助，他考入了官费的哈尔滨商船学校。可在那里，只学了半年，终因为家境困难，不得不退学去航务局做点事情。

…………

国难当头，腥风血雨；家庭悲苦，岁月艰辛。它激起了舒群对现实的憎恨，对人生的探索，也激发了他对光明的追求，对革命的向往。

“我这一辈子，一是有难，二是有幸。”舒群同志说，“我碰到的好人多。是他们帮助我长大成人，参加革命，也是他们激励我坚持革命，保持晚节。”

还在哈尔滨一中念书时，他就认识了进步文学工作者塞克，并开始用“黑人”的笔名发表诗作。

在哈尔滨商船学校，他认识了进步同学、党的地下工作者傅天飞，接近教数学的老师、抗联领导人之一冯仲云。

怀着青年人的爱国热情，他参加过抗日义勇军。

1932年3月，他秘密参加了第三国际的革命活动，9月加入了中国共产党。年底，他被派到洮南，担任交通站站长，奔波于哈尔滨、洮南之间，从事革命情报的传递工作。

1934年元宵节后的一个阴沉的日子，在日寇铁蹄蹂躏、白色恐怖弥漫的哈尔滨，为了接上失掉的关系，寻找亲爱的党，他离别了可爱的家乡，只身到了青岛。

在青岛，刚刚接上组织关系，尚未得到上级组织的正式通知的时候，由于叛徒的出卖，他遭到了国民党特务的逮捕，被投进了监狱。

在那可怖的铁窗下，他和他的第一个妻子含泪告别。她是地下党员，也被捕了。当时，他们才刚刚结婚不到五个月，谁知，这一别却是永远的别了……

在那阴森的牢狱里，他创作了著名的短篇小说《没有祖国的孩子》。作品在上海刚一问世，就轰动了上海文坛。周扬同志在1936年写的有关文章中曾经提到过它，给予了高度的评价。

在青岛获释后，舒群几经曲折，到了上海，成为左联战斗的一员，先后出版了《战地》《海的彼岸》《老兵》《秘密的故事》等中、短篇作品。

1938年，舒群第一次去延安的途中，受林伯渠同志的委派，在八路军办事处工作，做过八路军的随军记者，还做过朱总司令的临时性秘书工作。后来，按任弼时同志指示，他在武汉编辑过刊物《战地》。

…………

时间在暗暗地流，一个钟头早就过去了。舒群同志的夫人夏青同志轻轻地推门进来，提醒他应该休息了，他说："讲起来就有瘾啊。"说罢，舒群自己先爽朗地笑了。

第二天，我早早地来到舒群同志的家。我发现，他的病更重了。但他究竟是热情爽朗的人，还是躺在床上，支撑着衰弱之躯，强忍着病痛之苦，和我亲切地交谈，声音里夹着痛苦的呻吟……

1940年，舒群终于来到了他早就心往神驰的延安——那光明的所在，那革命的圣地。

在那里，他以一个忠诚的儿子的身份，接受过党的审查，以一个战士的身份，参加过三五九旅的大生产运动；像一个辛勤的园丁，负责过《解放日报》副刊的工作。

在那里，他聆听过毛泽东同志关于文艺问题的讲话，得到过毛泽东同志的关怀、帮助和指示。

"这是毛泽东同志对我的关怀和信任，是我终生难忘的幸福。"舒群同志满怀深情地说。

在那战斗的年代里，我们党和军队的一些领导同志也给他写过信，给予他以巨大的关怀和鼓舞。

抗战胜利后，作为东北革命文艺工作的开拓者之一的舒群同志，担任了东北文工团团长，和党在文化艺术方面的许多干部一起，从延安回到那阔别12年的故乡东北，为发展和壮大东北的革命文艺事业付出了艰辛的劳动，做出了不可磨灭的贡献。他曾先后担任中共东北局宣传部文委副主任、东北大学副校长、东北电影制片厂厂长、东北文联副主席等重要职务。发表了饱和血泪、充满激情、曾经使东北人民深为感动的《归来人》等重要作品。

新中国成立后，舒群到北京担任全国文联秘书长、全国作协秘书长，后来又在东北担任鞍山大型厂工地党委副书记、本溪二铁厂党委副书记、本溪合金厂副厂长等职。先后出版了《这一代人》《我的女教师》《崔毅》等长篇小说和短篇小说集。

但是，生活道路并不平坦。从20世纪50年代中期到粉碎“四人帮”以前的20多年的时间里，舒群同志在政治上经历过不平的遭遇和坎坷的历程。

当我问及他这一段的经历和感受的时候，他，这个热情率直的人，却好一阵地沉默了。

是不愿触动这已成过去的惨痛遭遇，还是在深思其中的历史教训？

横逆、迫害、冤屈、不幸，既可以扼杀人的肉体，更可以扼杀人的精神。有一些人不是因为一个时期以来的磨难，丧失了对于祖国和人民、前途和信仰的爱恋、热情和信心而郁郁寡欢，悲观厌世，绝望人生，牢骚太盛吗？

横逆、迫害、冤屈、不幸，也可以考验人，锤炼革命者的赤胆忠心。他们临危难而无所畏惧，处恶浪而不胆战心惊。他们对人民忠心不改，对未来充满希望，对党坚信不疑，恋情依依。

舒群，属于哪一种人呢？

他坐了起来，卷起一支关东烟，一边慢慢地吸着，一边深沉地说：“现在好了。党总结历史经验，坚持实事求是，很好。这是从革命的经验中总结出来的，也是从多少人的灾难中总结出来的。不实事求是害死人啦。”

“我是党的一分子啊！”

在我眼前恍惚出现了一串特写镜头——

在黑暗的岁月，他追求光明，投入党的怀抱。

在艰苦的年代，他冲破封锁，来到革命的圣地。

在严酷的斗争里，他曾三次阅读《资本论》，那第三次正是在他受迫害而下放农村的时候。

在政治上蒙受冤屈，生活上历经磨难，创作上惨遭损失的那些岁月里，他到过沸腾的矿山、喧闹的工厂和静静的乡村。他同那些纯朴、善良的工人、农民和基层干部生活在一起，增强了对生活的信心和勇气，也激发了对生活的探索和思考。“和人民在一起，我心里感到安慰。”他说。

我们听到了，他那坚定的声音——

1949年，他写下过这样的诗句：

在我的祖国，
我有故乡，我有亲人，
我不是一个人，一个身，
有人想念我，也有我想念的人，
我的女教师，
给我一匹千里马，让我奔往圣地，
这个圣地，光辉而美丽，
这个圣地，写着毛泽东伟大的名字，
我知道，我往那去。

在前一天的交谈中，他曾这样告诉我：“我是在参加抗日义勇军遭到失败后才找到党的。只有共产党能够救中国，这是历史已经做出的结论。”

庆祝党的60周年的时候，在东北某城市召开的庆祝会上，他这个与会者中入党最早、党龄最长的老同志，做过这样的发言：“党是在曲折中取胜的。现在也还不是一帆风顺。但从历史发展来看，党一定要一天比一天更加光明。这不是由哪一个人决定的，这是由客观决定的。”

今天，他又这样告诉我：“我不因一时幸运而眉飞色舞，也不因一点曲折就垂头丧气。我们党不管她过去经历了多少曲折，今后还会有多少曲折，总是要一天比一天更加光明。这，是我不变的信念；

这，是我最大的快乐。共产主义者是乐观主义者，内容也就在这里。”

舒群同志一边说着，一边站了起来。声音坚定响亮，没有呻吟；表情自然纯朴，毫无做作；年龄仿佛减少，神态显得年轻。我看到了少年舒群的赤子之心，也看到了作家舒群的诗人气质，只是，太可惜了，我没有带着照相机，要不，一定为他摄下此时此刻的珍贵镜头。

在那身遭冤屈、际遇困顿的逆境中，舒群同志一直没有间断写作。不仅写了七八万字的《本溪合金厂厂史》，整理了本溪县志和《中国杂技史料》，还写了长达25万字的学术性著作《中国话本书目》（初稿），创作约30万字反映抗美援朝战争的长篇小说《第三战役》（初稿）和30来篇关于毛泽东同志的纪实性文学故事以及10多个短篇小说。

“可惜，可惜。”他告诉我，在十年动乱中，他的手稿大部分被抄而遭到无可挽回的损失。而损失最大的，则是他多年来一直视为珍宝而精心保存的资料——老一辈革命家的书信、墨迹，毛主席的有些材料、《毛泽东故事》的大部分手稿。

“当年，苏联在长篇小说中写过列宁、斯大林，但在短篇小说里写得就比较少。为了留个永久的纪念，我要试一试，做些探索，把毛主席放在短篇里来描写，来学习。”他说。

可是，十年动乱中，他的“罪名”升级，迫害加深，被剥夺了写作的权利。有一次，他正伏案写作《毛泽东故事》，突然闯进一伙人来，把他的钢笔打掉了，眼镜打坏了，写字台也被匕首扎了好几个眼……

“那时，有人斗我，打我，我对他们说：‘我有一句话是学来的，我要告诉你们，叫作“人生自古谁无死，留取丹心照汗青”。’”

历史终于恢复了她的庄严与公正。粉碎“四人帮”以后，舒群同志冤屈昭雪了，党籍恢复了。近年来，他在《人民文学》《当代》以及其他有关刊物上发表了短篇小说《归来者》《题未定的故事》《延安童话》《思忆》《别》《乡思》等作品。现在，他正在写作反映20世纪

70年代中期农村生活的长篇小说《乡曲》和关于朱总司令的回忆录。

我请舒群同志谈谈对于文学创作的看法，他激动地告诉我："毛主席的《讲话》，是革命文艺的纲领性文件，是马列主义的重要文献。这个基本认识我不会改变。

"要在作品中看到，是血肉的拥护党，还是概念的、表面的拥护党。要像生活本身的逻辑一样，拥护党是作品发展的必然结果，是作品的内在神经。

"暴露的目的何在？是成全社会主义，还是瓦解社会主义？是成全四项原则，还是瓦解四项原则？这是根本。"

最后，我问起舒群同志今后的创作打算。他告诉我，根据他的身体情况，他准备坚持到75岁，还有7年时间可以写作，除了即将再版长篇小说《这一代人》，编选《舒群短篇小说选集》，编定《舒群文集》，完成长篇小说《乡曲》，新写短篇小说10篇，写回忆录及其他文字10万至15万字。我粗略计算了一下，单是实现这个计划，他平均每年就至少要写7万字。"当然，这得要不被病魔耽搁。到那时，我或者不怕去见马克思了。"说罢，他愉快地笑了。

辛苦遭逢信马列，忧愤深广存丹心。祝愿舒群同志早日康复，焕发青春，溢豪兴于胸中，运万物于笔端，为我们创造出更多的好作品！

1981年中秋节之夜于齐师院中文系

载《北方文学》1982年第1期

舒群谈《胜似春光》

泽　莎

舒群同志的短篇小说《胜似春光》在《新观察》今年第16期发表后，引起了文学爱好者的注意。最近，我们访问了这位年过古稀的老作家。

舒群同志说："《胜似春光》是在'文化大革命'中写的，后来散失了，现在把它重新写出来交《新观察》发表。《小说选刊》和《羊城晚报》予以转载，这说明文章写得还可以，我感到很欣慰。但是，有没有不足之处呢？有。在朱光之死的处理上，我本来想通过他的死否定'文化大革命'，但是，写的时候总是很拘谨，生怕有损于毛主席，结果这些问题就没能正面写到。当时如果放开点写，效果恐怕比现在要好。"

舒群同志说，《胜似春光》写的是真人真事，因此，如何处理典型真实与具体真实的关系，成为创作中必须解决的首要问题。接着，他深有感触地说，《毛泽东故事》今年上半年写了六篇，发表了四篇，《胜似春光》是其中之一。另外两篇没有写成，下半年写第七篇，也没有写成，这三篇，作为回忆录富富有余，作为小说则大大不足。问题就出在典型真实与具体真实的关系上。他说，小说要求典型的真实，这是公认的创作原则，而《胜似春光》写的是具体的真实。你不能一味追求典型化而背离具体真实。但如果过分拘泥于具体真实，就会破坏典型真实，具体真实又要达到典型真实的效果，这实在太困难了。说到这里，舒群同志领我们来到他的书房，墙上挂的是朱光书赠舒群同志的条幅，上写：“四载风云塞北行，肩钜跋涉愧才成。如今身是南归客，回首山川觉有情。”舒群同志说，这幅字确实是在毛主席家写的，主席也确实改过下款，改成“朱光一九四九年秋于南下之日”，可是他在小说里写的却是“朱光于一九四九年建国前夕，古都中南海书癖家之家”，这就是在不根本违背具体真实的前提下所做的适当的艺术虚构，既基本保持了具体真实，又照顾到创作的典型化效果。

前卫生部副部长黄树则同志看了《毛泽东故事》中的几篇之后，在《新观察》今年第4期上著文写道：“舒群的作品有其独特的文风，这是读过他的作品的人都知道的。而他写的这几篇毛泽东故事，除去保有那独特的文风之外，更有他的非同凡响的创新。靠他的极为丰富的想象，靠他的运用自如的浪漫主义手法，他把我们所熟悉的革命领袖以及当代的历史背景重现于我们的眼前，使我们看到一幅色彩更浓，更能深入人心的画图。可以说，他的大胆的艺术加工，远远超过了现在一般写革命领袖的文艺作品。他没有脱离历史的现实，也没有把革命领袖神化，而是通过他的这种创新的艺术加工，使我们对革命领袖的形象更感到逼真，更感到亲切。”舒群同志在写革命领袖方面能够取得这样突出的艺术成就不是偶然的。按舒群同志自己的说法，这首先是“历史的幸运”。他曾经和毛泽东同志等老一辈革命家有过密切的交往，他熟悉他们，热爱他们。早在20世纪50年代，他就有在文学作品中表现革命领袖的抱负，并为此做了长期的准备和酝酿。在谈到《胜似春光》的创作过程时，舒群同志说，写小说是很苦的，饭也吃不下，觉也睡不足。写完了，打开看看，不是那么回事，再改；打开看看，还不是那么回事，又改；无数次看，无数次改，直到看着像那么回事了，心里踏实了，这才拿去发表。

《胜似春光》写了毛主席和朱光同志的深厚情谊，对于朱光同志，青年读者可能不大熟悉。我们谈话时，恰逢他的女儿朱嫩苹同志和女婿王力平同志探望舒群同志，我们请他们介绍了朱光同志的生平事迹。

早在少年时代，朱光同志就参加了党领导下的学生运动，1926年入团，1927年参加广州起义，后来在上海从事革命文化工作。1927年，他加入中国共产党，第二年上井冈山；1934年随红四方面军长征。张国焘疯狂迫害知识分子，有“才子”之称的朱光戴着手铐脚镣，爬雪山过草地，九死一生到达陕北。此后，他相继担任中宣部秘书长、八路军一二九师政治部宣传部长，齐齐哈尔、长春市委书记等职。1949年，朱光随解放大军南下，任广州市委书记、市长。1960年他调任对外文委副主任，1966年1月任安徽省副省长，同年5月，“文化大革命”开始，这位坚强的革命战士受尽迫害，1969年含恨而死。

我们的访问就要结束了，朱嫩苹同志含着热泪对我们说：“看了《胜似春光》，我们一家人都非常激动。爸爸的老战友们写过一些回忆爸爸的文章，但都没有舒群叔叔写得这样生动、这样传神。我们的年纪比较小，对老一辈人的思想、感情、生活和业绩不熟悉、不了解，很希望看到更多像《胜似春光》这样的作品。”

载《小说选刊》1985年第5期

访舒群

肖　凤

建议我去拜访舒群先生的，是萧军先生。因为舒群是萧军和萧红共同的朋友。

舒群和萧军一样，也经历过长时间的被整肃。十年浩劫结束以后，1979年，舒群先生一家从东北抚顺来到北京，等待落实政策。我去拜访他的时候，他还没有地方安家，在有关部门的安排下，他和他的夫人夏青女士与孩子们，都暂时住在位于东单北大街的“北方旅馆”里。他已经被平反昭雪，可是落实政策的诸事似乎还没有完成。当时，他的身体很不好，患着哮喘病。

他热情地接待了我，于1979年，分阶段地，非常认真地，与我谈了四天。

“我与萧红接触最早，比萧军还早。关于萧红，我有很多年一个字没有写过，这次也多半写不成。

“萧红如一颗流星，一颗陨星，没有过过好日子，最好的日子是青岛。

“她与我的关系是姐弟之情，家庭不能说的话能与我说。这个人很软弱，她是爱国主义者，她是反帝者，反日的，民族主义者。

“我是工人家庭出身，哈尔滨发大水时，我像难民一样沦落到南岗。我当时在第三国际工作，已加入中国共产党，参加革命。只有我出去工作时组织上给我伙食费，我很困难。

“我到青岛，写了封信让他们（指萧军、萧红——肖凤注）到青岛来。我与我的夫人一齐去码头接两萧。

“萧红的一生最快乐的是青岛。两人的关系很单纯。夫妻关系巩固，完美，相亲相爱，互相帮助，生活压力小，前途曙光大。后来成绩大了，不快乐了，没那么单纯了。

“在青岛写《生死场》。人是勤劳的，有才华的，一天写三五千字是很平常的，甚至五千字以上。在青岛完成的。稿子写得潦草一点，鲁迅给她改了很多，朱砂红笔改得很工整，箭头很直，给她删的‘了’字，总有几百个。

“我和萧军到上海，是为了与文艺界发生关系。拜师。拜谁都拜不着。鲁迅、黄源都拜不着。找不着路，没钱，不能久住，仓皇，找人的方式也不妥。第二次我又去上海，萧军不去了，萧红也不赞成去。后来他们与鲁迅发生联系我不知道。”

在舒群先生临时寄寓的客房里，他很舒缓地说着，我则很认真地听着和记着。我一边听一边记笔记，舒群先生很体贴地让我喝口水，我才知道服务员小姐已经来过了。

因为拜访了舒群先生，我对他的革命历史才有了清楚的了解，对东北作家群的抗日活动也有了更多的了解，所以对舒群先生等爱国的文学前辈，就产生了敬意。

舒群先生提供的珍贵史料，我都写在了《萧红传》里，并且一一注明了出处。1980年此书顺利出版。我把刚刚出版的此书，呈送给书中写到的舒群、萧军、端木蕻良等诸位先生，每人一本。

上面提到，1981年，黑龙江省在哈尔滨召开了纪念萧红70周年诞辰的讨论会。我在此会上，又与萧军、舒群等东北老作家会面。

会后不久，大家都回到了北京。在我又一次去拜访舒群先生时，他鼓励我说：“继续写吧。你是文学系出身，底子厚实。等你再写一部传记之后，我也请你给我写一本。”并告诉我，他的资料已经被东北某省社会科学院的一位文学研究者拿走，那位研究者说要给他写一本传记。可是时间过去很久了，却不见有成果拿出来。

后来，舒群先生全家从北方旅馆搬到了虎坊桥的中国作家协会宿舍，那是一座崭新的楼房，条件比原来住的地方好多了，还给舒群先生安上了电话。

在我又一次去拜访他时，他问我在写什么，我如实禀告说，正在写第二本文学传记。于是，他又提到了为他立传的话题。他说："真不应该用性别衡量人的能力。拿走我材料的是男人，迟迟没有下文。我跟他要，他也不还给我，说让我再等等。人家原本是好意，我也不便再催。你是位女性，又勤劳，写得又快，还不如当时就把材料都给你呢。"

每次去舒群先生家拜访，谈的都是文学话题。他复出后，在《人民文学》杂志上相继发表了几部短篇小说。我读了，跟他谈读后感。他说的一句话，我至今记忆犹新。

他说："写是写了，可是有多少人看呢？写了，必须有人看，才有价值。写了，没有人看，等于没写。"

这位饱经沧桑的老人，当时，大概就已经敏感地看到通俗文化对年轻人的诱惑力了。舒群先生的形象，很像一位朴实的老农。1981年我们去黑龙江省呼兰县的萧红故居时，他盘腿坐在炕上，与房主唠嗑的样子，我至今历历在目。

我最后一次面见他，仍然是在他的虎坊桥新居。有关他的资料，也仍然远在东北。他已年老，而且多病，我每一次拜访，都不做过多的停留。他送我出了他的家门，大概是累了，他就蹲在楼门口的地上，目送我骑着自行车远去。他这样的形象，也至今都存留在我的脑海中。

载《学习时报》2007年6月11日

罗烽谈他早期的革命和文学活动

包子衍　许豪炯　袁绍发

在呼海铁路特别支部的工作

我于1909年12月13日出生在今辽宁沈阳郊区苏家屯一个职员的家庭。父亲早先当过邮差，后又替人起草公文，收入不多，家庭生活并不富裕。我年轻时，正逢轰轰烈烈的大革命时期，接受了不少新的事物，读了许多左翼作家的作品。而更多地接触新事物、更深地了解革命的意义还是在1928年参加革命之后。

1928年6月4日张作霖被日军在沈阳西面的皇姑屯炸死之后，东北的局势急转直下，日本人在东北的侵略势力步步增大。客观环境起了变化，父亲失业，家庭生活十分窘迫。因而我初中毕业后，没有条件升高中了。于是我去投考哈尔滨江北的北满呼海铁路传习所，被录取了。进这样的铁路学校学习，既能满足求知的欲望，又可学到一些技术，而且个人的生活有了保证，将来的职业也有了指望。我在这所学校学习仅一年多：前面一年课堂教学，学习专业理论知识，后面半年接触实际，在铁路上实习车务、工务、电务、机务、管理等项目。现在回忆起来，在学时间虽然短，但受益还是不小的。

这所铁路学校，我是在第二期学习，以后又办了两期，一共四期。学校里有一个由北京地下党派来的党员，叫胡荣庆，他名义上也是来学习的，在课余时间组织了一个读书会。读书会实际上是地下党的外围组织，团结一批青年人，传播革命的道理。这在当时各地是一个比较普遍的方式。这个读书会在思想上对我产生了比较深的影响。

1929年，我在这所铁路学校毕业，在铁路上当实习生。不久，就在哈尔滨参加了地下党，入党介绍人之一就是铁路学校的地下党员、读书会的主持人胡荣庆，另一介绍人是一位姓姚的同志。当时没有预备期，我入党后就成为正式党员。在铁路上实习一年后，经过考核，升为练习生，以后又定了正式的科员职位，进展比较顺利。

我入党后，组织上让我担任北满呼海铁路第一个产业支部——特别支部（简称“特支”）的宣传委员，胡荣庆是支部书记，组织委员是徐乃健。以后我担任了这个特别支部的书记。特别支部的主要工作是发展党员，教育党员，吸收思想比较纯、工作比较好的先进工人和进步的青年知识分子入党。“特支”的上级领导人叫冯仲云。

1932年初，日寇占领了哈尔滨。当日军包围哈尔滨时，大小军阀不战而降，唯一带着兵同日寇对抗的是马占山。马占山是国民党东北的一个军官，他率部队边抵抗边北撤，经过呼海铁路时，我们“特支”帮了他的忙：发动可靠员工，给日寇的追击设置障碍，掩护马占山的部队撤离，以保存抗战的实力。我们为支持马占山的抗日行动，主要做了两件事：一是把机车、车皮（敞篷货车、带篷货车）都拉过呼兰桥，不被日寇抢占；二是烧毁呼兰桥，让日寇过河有困难。群众把这两件事做得利索又巧妙。任务完成后大家心照不宣，互相保密。我们“特支”把促成此事作为一件重要工作，以掩护马占山安全撤退，减少损失。当马占山的部队打到呼兰河北岸时，筋疲力尽，伤亡也比较大。马占山是打到最后的。当时，海伦车站站长陈大凡带了一些部队边抵抗边撤退，到中苏边境一带隐蔽起来。直到1945年八一五光复后，这些同志被空投回来，担任了比较重要的工作，同欲“摘果子”的蒋介石抢时间、抢地盘、抢物资。这是后话。

从1928年到1932年春，我大体上亲身经历了以上几件事，有的是参与了党的局部的领导工作。

在哈尔滨的文艺活动

1932年春，我从呼海铁路特别支部调到哈尔滨东区任宣传委员及北满省委候补委员，在杨靖宇同志直接领导下工作，负责领导北满革命文艺运动，团结进步文艺工作者，同南满汉奸文艺相对抗。主要是抓了两个报纸的副刊，即《文艺》《夜哨》，以及星星剧团。

1933年初，通过萧军的朋友陈华（《大同报》编辑）的关系，把伪满"新京"（即长春）机关报《大同报》的文艺副刊《夜哨》抓到手。为了工作上的方便和迷惑敌人，我们在哈尔滨把稿子编好后，寄给在长春的陈华，由他负责排版、付印。并授权给他，他在发排前可以抽去个别稿子，亦可以补缺。这个文艺副刊，内容上以反封建为主，上面写的是现实，就是伪满的现实，不是写的历史，有时候在里边塞几句比较露骨的东西。这个副刊出版以后，对文艺界，包括对南满汉奸文艺产生了较大的影响。它一共编发了21期，不到半年就被迫停刊。但我们心不死，接着在哈尔滨的进步报纸《国际协报》上办了一个大型的文艺副刊。我们和《国际协报》是什么关系呢？原来，1933年初，该报招聘记者，我爱人白朗前往投考，结果录取了（只录取两名，她是其中之一）。她进这个报社后，开始是当记者，后来改任文艺副刊的编辑。这份报纸原有这么几个副刊：《国际公园》、《儿童》周刊、《体育》周刊、《妇女》周刊。我们通过白朗的关系，向报社主笔、总编辑提出建议，希望在《国际协报》增出一个大型的文艺副刊。主笔当时已50多岁，他是老同盟会会员，思想比较进步，表示支持。文艺副刊就定名《文艺》，每期出一整版，8000多字。这份报纸的撰稿人大多是无偿、义务写稿，只有萧军、萧红，经过白朗向主笔交涉，每月给他们20块哈大洋，使他们得到生活的一部分保障。像萧军、萧红这种在北满小有名气的人，对报纸来说可以做做招牌，对它是有好处的。这个文艺副刊，由于工作上的方便条件以及撰稿人大部分是《夜哨》副刊的原班人马，因而办得较好，出到1934年12月30日才停刊，共计出版47期。《夜哨》《文艺》这两个副刊，现在我想把它们找到，看来今天作为文艺资料，还有一定的价值。

在哈尔滨，我们办了个星星剧团（取“星星之火”之意），它成立于1933年初。倡议者为萧军、萧红、白朗、我、舒群（没多久他到青岛去了），还有几个比较可靠的小青年。由我负责一切事务性工作。星星剧团借助哈尔滨的民众教育馆开展活动，就由上面这几个人“粉墨登场”。大家从排练到演出都很认真。排演了这么几个戏：美国辛克莱写的《居住二楼的人》（又名《小偷》），剧中人物有律师（由一个姓张的人扮演）、律师夫人（由白朗扮演）、小偷（由萧军扮演）。白薇写的《娘姨》，女主人公娘姨，是一个被压抑型的女人，由萧红扮演；男仆由舒群扮演。还有一个剧本，是金剑啸写的《一代不如一代》，这是个讽刺剧，以伪满青年生活为题材。金剑啸是星星剧团的总导演，早年就读上海艺专时因参加进步活动而被开除，是南国社后期的人，他在文艺上是个全才，画画、搞戏、写诗样样都行。演出的剧场是哈尔滨一家犹太人开的叫“巴腊斯”的电影院，他们出场子，我们演出，都是义务，不收钱。星星剧团的同人们“野心”不小，颇想大干一番，发展一下北国的文化事业，却是不自量力，经济上很困难，手里没钱，贴不起海报，置不起布景，不到半年就销声匿迹。然而办剧团的过程对我们倒是一次锻炼。

我在哈尔滨时，为了掩护，在文艺部门搞了几个点，有三个地方：一个是孔罗荪和他的一些进步的朋友开的一家规模较大、比较高级的餐厅（叫白宫）；一个是平民化的“一毛钱饭店”；还有一个是牵牛花房，是一所住宅，类似文艺沙龙，是进步知识分子（包括教员、画家、诗人等）吹、拉、弹、唱的活动场所。当时搞社会活动，没有群众的掩护和帮助，是很难开展的。

这一时期，除了实际的革命工作外，我还在报刊上发表了不少诗、散文、艺术论、小说、短剧等作品。

哈尔滨是北满的政治中心、文化中心，也是一个国际市场，是日寇欲向苏联进攻的必经之路。因而敌人很注意这个地方，控制得越来越严。从1933年起，敌人的“肃反”搞得越来越厉害，要清扫他们的“后院”，矛头针对中共地下组织。1934年初，满洲省委（CP）和满洲团委（CY）的大部分领导人都被捕了。局势越来越吃紧。这年3月以后，我们具体了解到党的不少上级机关遭破坏的情况。我们考虑，要想方设法让萧军、萧红等一些比较突出的党外人士离开哈尔滨，以保存实力。我们请示了上级，组织上很干脆地回答：劝二萧撤退。我们婉转地向二萧透露了一些情况，劝说他们离开哈尔滨，凑了些钱给他们，定了他们离哈的日期。二萧临行之前，我、金剑啸、金人、白朗在天马广告社二楼画室给他俩送行。送行仪式很简单，不过是买了一瓶酒和一点花生米，一边吃，一边喝，一边哭。因为大家相处得很好，依依不舍。他们赶在端午节前离开哈尔滨到青岛去了。二萧走后，我们去了一块心病，特别是得到他们平安到达青岛的消息，感到更为高兴。后来，二萧到了上海。

这时杨靖宇同志已经到游击队去了，别的领导同志也离开了哈尔滨。当时党内同志大家讲好，万一发生异常变化，谁也不能承认是共产党员和组织关系，只能承认是同事关系。我在家里做好了准备，书架上不留一本进步书，只放些线装书和山水画之类。不料，党内出了个叛徒，即原“特支”的组织委员徐乃健（1932年我从呼海铁路调到哈尔滨东区时，徐乃健也从呼海铁路工务段调到省委的接头处）。徐乃健被捕后，拷打时挺不住，供出了胡荣庆和我等人。1934年6月18日，我正在工作的班上，日本领事馆的两个便衣突然闯来，给我戴上手铐，押我走。被捕后，我被关在日本领事馆的地下室内。日本的法律是维护其统治阶级利益的，但它的法律条文规定必须有物证才能定案，政治犯必须查实与上层的关系。由于敌人对我们地下党的情况不熟悉，没有掌握物证，就不能判刑，也不拍囚照。

后来，我被转到另外一个牢狱。慢慢地，我和两个狱卒（一年轻、一年老）搞熟了，通过他们传递消息。为了营救我，我家里拿出些钱，铁路上同人也捐了些款，一共凑了八九百元哈大洋。这个数目很容易吸引日本的官儿。铁路同人托哈尔滨日满商行的一个经理，打通了经办我案子的日本人，这样就比较顺利地解除了“嫌疑犯”问题，因始终找不到物证，关了11个月后，1935年5月我获释了。

到上海参加左联后期的工作

不久，我和爱人白朗离开哈尔滨，到上海去。先到大连，乘日本海轮“大连丸”，海路上，敌人控制很严，由武装人员戒备，在青岛停了一下，直驶上海。

到上海后，我们便去投奔萧军、萧红。其时为1935年7月初，上海天气已经很热。萧军、萧红住在法租界福履理路（今建国西路）拉都路（今襄阳南路）。住房很挤，四个人住一间阁楼，屋内见不到太阳。房主是上海的名律师唐浩（曾为七君子辩护），他住在二楼，楼下是他的办公室。

萧军、萧红常到鲁迅先生那里去。他们向鲁迅先生做了简单的介绍，说东北来了个青年人，以前在哈尔滨干革命的，也和许广平打了招呼。可是那时候鲁迅先生身体状况越来越差，很少接待客人，不能接见我。1936年10月，鲁迅先生病情恶化，与世长辞。

在上海，鲁迅病故的消息很快就见报了。那天中午，我和陈荒煤、舒群等几个人在法租界刚开过党小组会，在环龙路（今南昌路）街角的江苏西菜社看到这个噩耗，三个人饭也没有吃，抱头痛哭了一场。

鲁迅先生逝世后，遗体停放万国殡仪馆，我去瞻仰遗容，才见到这位伟人，这位革命的前辈、文坛的主将。

送葬时，从万国殡仪馆到万国公墓，路程较长。我被编在纠察队里，作为纠察队员，光荣地护送鲁迅先生的遗体。途中，在静安寺路（今南京西路）停柩接受成千上万群众的追悼。整个的人群非常肃静，英国巡捕几次干涉，均被群众抵制。后来，大批群众一直护送鲁迅灵柩到万国公墓。这样的场面，我过去未曾看到过，说明广大群众包括知识分子对鲁迅先生的景仰。

回过头去讲讲我是怎么参加左联的，左联后期活动情况怎样。

1935年7月我到上海后，在萧军、萧红那里住了一段日子，后来在萨坡塞路（今淡水路）以东找了一大间房屋住下来。一天，突然有一个年轻的女人来到我新搬的地方，她对我说："你认识不认识胡风?"我说见过一面。她说："胡风派我来找你，请你写一个简单的履历，由我转给他。"这个年轻女人就是梅志，是萧军介绍她来找我的。我写了自己的履历给她。我急于接上党的关系，但等了两个多月，到了深秋，还不见组织派人来。我心里很着急，一个党员接不上党的关系，比丢掉生命还难受。11月初，经左联负责人之一周扬介绍，我解决了党的关系，同时加入了中国左翼作家联盟。这时左联快准备解散，因此我在左联的时间不长。

那时候左联掌握一个发表文艺理论和报告文学的刊物《光明》。还有一个刊物（名称记不得了）。这一时期，我在进步文艺期刊上发表诗歌、散文和短篇小说等。1936年，我担任了上海文学家协会驻会秘书。这一年，我出版了反映反蒋抗日斗争的短篇小说集《呼兰河边》。同年，发表了中篇小说《归来》和《莫云和韩尔谟少尉》，都是反映知识分子爱国主义精神的。

1936年，我们来自东北的几个人想方设法筹款，找印刷厂，编辑出版《报告》杂志，编委是萧军、舒群和我。当时，两个口号的论争很热闹，由于相持不下，双方在许多事情上不免有些意气用事。我们搞《报告》文学半月刊，目的是在左联的领导之下，把两派的口号糅合在一起，一致对外，《报告》的三个编委达成一致的意见：（一）不发表涉及两个口号论争的文章，尽量避开无谓之争；（二）选稿时，如三分之二通过就发表，不到三分之二就否决。《报告》出版后，很受读者的欢迎，但因经费不足，只出了两三期。

两个口号的论争，虽然属于文艺界内部的争论，但形式上是对立的。当时有些同志莫衷一是，心想既然承认两个口号都是革命的，又为什么争论不休？这个问题弄不清楚。我那时是“小萝卜头”，才27岁。左联中20多岁的人很多。我和舒群、陈荒煤、沙汀、周立波是同一个党小组，属左联的党的文艺小组领导。和别的小组互不过问。最后做左联结束工作的主要是周扬同志。后来看来，左联结束得太匆促了些。我所了解的左联后期的情况，大体是这么一个过程。（左联的前期、中期，我不在上海）

1936年，在上海听到当年在哈尔滨一起搞文艺活动的金剑啸被日寇逮捕、杀害的消息后，我们把他的一首500多行的长诗《兴安岭的风雪》印了本小册子，是几个人凑钱资助出版的。书在静安寺路（今南京西路）哈同花园对面的中华书局印刷所印刷，我去做了校对。印的是64开小丛书，叫《夜哨》小丛书，印了三种：金剑啸的长诗《兴安岭的风雪》，舒群的小说《没有祖国的孩子》，还有金人翻译的《挂号邮包》。主编是白朗和金人，我是帮帮忙的。书印成后，很畅销，在霞飞路（今淮海中路）摆摊销售了不少。

在上海的两年多，我没有正式职业。这个时期，我出版了短篇小说集《呼兰河集》，20万字，由赵景深负责的北新书局出版；出版了一个中篇小说《归来》，由良友图书公司出版；此外，我还帮助白朗整理、出版了她的一些稿子。

1937年“八一三”，日机在上海大世界扔下炸弹。那天，我和周立波等人，正在那里以上海文艺界战时报务团的名义搞募捐（那时候我担任上海文艺界战时服务团宣传部长）。此后，上海的形势越发紧张，文艺界人士开始撤退，我也不得不离开上海。

转辗工作于南京、武汉、临汾、重庆等地

“八一三”以后，上海局势日益紧张。周扬同志负责安排文艺界人士的疏散。疏散时，我所在的小组以沙汀为组长，成员有任白戈、杜谈、丽尼等人，9月间离上海往南京，因铁路桥已被炸，从上海到南京走了三天三夜。当时在南京的文艺界人士有阳翰笙（出狱不久）、陈荒煤（自北京南下）等。到了南京，我们几位同志办了一份小型报纸。我编报是外行，也不想待在南京，不久就到武汉去了。

到武汉后，我找到了一个舅舅（他只比我大两岁）。这时，丽尼、聂绀弩等人也到了武汉。我、聂绀弩、丽尼三个人商量后，决定出版一个小型的半月刊《哨岗》，发表短小的杂文作品。聂绀弩善于此事，这个小型刊物出了两期。这时候战况不断发展，工作是游击性的，这里打一枪，那里打一枪。

后来，恰好有些人要到延安去。我就带了同路的两个人，离武汉往延安。其中一个是何佶（即吕荧），我在南京时认识的，他是北平流亡到南京的学生，一次他在一所学校里出板报，内容比较激进，引起我的注意。我们经过西安时，抗大正在那里招生，但报名的人太多，延安的窑洞住不下，延安通知西安的八路军办事处暂停报名。原来组织上同意我去延安的，因进不去，我就带着那两个人到临汾去了。在临汾，青年学生很多，但缺乏教员。不久我们离开临汾，又到武汉，住在姥姥家的一个危楼上。后来何佶从武汉去昆明，到西南联大学习去了。

我参加了保卫大武汉的斗争，在武汉待了整整一年。1938年底，我离武汉到重庆。1939年我担任了中华全国文艺界抗敌协会作家战地访问团宣传部长。

这一时期，我发表了三幕话剧《国旗飘扬》，写的是抗日战争初期华北统战人士保卫国土坚城殉国的事迹。又参加集体创作了四幕话

剧《台儿庄》（与楼适夷、舒群、孔罗荪合写）和三幕话剧《总动员》（与宋之的、舒群、陈荒煤合写），都是用最短的时间突击写出来的。后者的主题是揭露蒋介石假抗战、真投降，已把张瑞芳等演员调来，可是张道藩卡我们的脖子，下令各剧场不准演出这个戏，结果只得作罢。

1939年我在战地服务团工作。这是党领导的一个组织，团长王礼锡，是个搞社会科学的学者，政治上比较开明，马列主义学习了不少，这也反映在他的作品上。例如1938年以前，曾写了到英国、苏联游历考察的游记，认为苏联比英国高出一筹，见解比较正确，分析比较精辟。他在当战地服务团的团长时，有几件事做得很得体：一是到西安的第二天，国民党陕西省党部设晚宴招待，席间，国民党宣传部的头子不客气地骂战地服务团，那人的话还没讲完，王礼锡站起来就退席，这样做要冒风险，不简单。二是在战地服务团里，他吃的、住的和大家一个样（他当时已50多岁），和团员的关系非常好。三是他每次发言都很得体。

1939年，我出版了表现各阶层爱国主义精神的短篇小说集《横渡》。1940年，我出版了反映农民抗日的中篇小说集《粮食》。这一时期，还写了两个中篇和上千行的诗歌。还做了一些组织上分配做的事情。

略谈1941年到延安以后

1941年皖南事变发生后，我离开重庆，到了延安。不久担任了中华全国文艺界抗敌协会延安分会主席。1942年陕甘宁边区政府成立文化工作委员会，我担任了该会常委兼秘书长。同年，我参加了延安文艺座谈会。

1945年东北解放战争开始，我到了东北，担任东北吉青江军区宣传部副部长兼《前进报》副社长及军事干校副校长。1946年任合江省委宣传部副部长，继而担任中共东北局宣传部文委常委和东北文艺协会代主席兼哈尔滨中苏友好协会副会长。1946年，我出版了短篇小说选《故乡集》。1949年7月，我参加了第一次文代会。

新中国成立后，1950年我担任了东北人民政府文化部副部长兼秘书长、东北人民政府文教委员会委员，同时任东北文联第一副主席和作协东北分会第一副主席。1953年作为总政、中宣部组成的作家归俘访问组组长，去朝鲜开城板门店，并参加了和平签字仪式。1965年，我和杨煊合著长篇报告文学《列车在前进》，反映铁路孙家工区的先进事迹。

我早期的经历大体就是如此。

（据罗烽同志1985年6月28日、29日同上海社会科学院文学研究所工作人员谈话录音整理。采访整理者包子衍、许豪炯、袁绍发）

载《新文学史料》1991年3期

雷加文学谈话

刘甘栗

谈话时间：1991年4月

谈话地点：石家庄陆军学院

谈话参与者：雷加及其女儿刘甘栗

关于"生活"与创作

雷加：生活对创作很重要。什么叫生活？当然每个人的看法不一样，每个人的情况也不相同。就拿我来说，我的生活就不够，或者说，根本就没有什么生活。这和我从小生活的环境有关，和青少年有很大关系。很多人的童年、青少年就能积累很多生活，就不一样。比如住在农村和城市里的不一样，而陕北农村或山西农村和东北农村又有很大不同，完全不一样。而我是从山东到东北移民的后代，在那里什么亲戚都没有，当地又没有什么传统生活，青少年等于一片空白。而巴金就不一样，他从小生活在那样一个家庭，上下几代人，封建家庭的背景完全不同，他的资本就在这里，所以他后来写了《家》。假设他没有那个家庭，没有那样的环境，又会怎样呢？还有一个问题是新的生活你怎样建立？怎样积累？需不需要深入生活？一个是你青少年时代积累的生活，再就是你跟着时代体验的生活。你怎么积累生活？生活来源，一是你亲身经历的，二是书上写的或口头传说的。你成年了，工作了，环境不一样，有的生活可以提炼，有的生活就反映不出来。当然，这和本身的修养有关系。有的人善于表达，农村里有很多人懂很多很多事情，他一谈起来，你把记录一整理就是一篇很好的文章。当然也限于自己的文字表达能力，有时你没有办法用文字表现。像东北那些说书人有的说得好，有的说得不好，他的生活从哪里来？他也是从书上看到故事，再结合自己的生活，他就可以说得很好。我们这一代作家经历了30年代、40年代、50年代的战争，经历过后他就写这些东西，写完了，就没有了。没有了，就写不了了。有很多例子，曲波就是这样，他的《林海雪原》，属通俗文学，影响还是很大的。这本书是写得好的。当然他后来也写了，但没有这本好。另外如写《红日》的，写《苦菜花》的，都是写那个时代。另外一个时代，新的时代，他就写不了了。这给作家提出了问题。像外国作家，如杰克·伦敦，小时候各种生活他都经历了。像高尔基，他的生活丰富得很，就是小时候的生活他就可以写一辈子，青少年、壮年的经历都可以写一辈子。有的人的底子就没那么厚，就是家庭一个小圈子，再就是到学校，然后出来了，你还有什么？所以，不主张很多人去从事文学，就是这个道理。你没有办法去表现生活。青少年的生活很重要，有就是有，没有就是没有。我就属于青少年没有生活一类的，所以我拼命想办法接近生活接触生活。接触生活还有一个问题是你接触的是什么生活。和社会生活能联系起来的生活是很重要的。你怎么和社会生活相联系？这是很重要的。你的作品是要表现社会生活还是你个人的生活？就是表现个人生活，也是通过你和其他人的生活去表现社会生活，这一点很重要。怎么接触和积累社会生活？没有这些，你就没有时代感，就没有时代的要求了，你就只能在你个人的圈子里了。为什么现在很多人的小说、散文都是写自己圈子里的东西？因为你所熟悉的就是你这一小圈子里的东西，属于市民的，属于小资产阶级的东西。像刘心武的生活，是属于市民的，学生的。关于生产斗争的，关于阶级斗争的，他接触得少。写了一篇《班主任》，完了，另外再没有了。因此，你就得深入社会生活中去，不深入进去，你毫无办法。我的几个长篇也是这样，我为什么第一部可以写，第二部、第三部就困难啦？因为生活不同，接触得还是少，掌握不了。工厂那几年，我的生活积累多，材料也多，很多可以写，写得好坏是另外的问题。后来的两部，你要写各种人，还涉及建设、技术许多问题，就觉得薄得很，没有办法写。另外一些领域比写工业容易，但是你接触得少了，积累得少了，不深入了，就没有办法，一点办法也没有。

刘甘栗：为什么有的人就可以坐在家里写书编书？

雷加：历史题材，像写《少年天子》的凌力也罢，写《穆斯林的葬礼》的霍达也罢，就是另外一种了，从史料里获取生活。为什么有的人会成为历史学家，有的人成了小说家。他们研究了很多史料、资料，占有了很多东西，然后他能够结构故事和情节，再结合今天的现实和体会，那就可以写了。他的这个创作也是着眼于大的时代背景，写那个时代，那个事件，不是仅仅写一个人。现在，有的人完全写个人。为什么路子会越走越窄，就是没有生活，所以才会这样。我如果没有生活，就只能挖掘自己，自己又没有，就没有办法了。挖自己也要有本事，有人能挖，有人不能挖。我也是不能挖的。所以我只好去接触别的生活。有人是能写自己的，挖得也真够狠。所以写自己也是有各种条件制约的。

刘甘栗：这里有一个对生活感受的能力问题。

雷加：一个是大我和小我的问题，小我要表现大我。有的人完全在自己个人的圈子里，把个人写得很深。湖南有个叫叶梦的，写散文，以前还写点别的，现在完全是陷于写个人，像山口百惠写自己少女时代的心情，月经初来时的感受等等，她完全钻到那里面去了。别人也写不了，她们写得还像个样子，有其独到之处，别人还体会不了。这当然也没什么不好。但是，这些事情你有多少可以写的？路子越走越窄。

刘甘栗： 对赵树理的评价，文艺界是否有什么说法？

雷加： 赵树理的评价，我现在接触得也不多，只能凭个人感觉谈。现在有“赵树理现象”和“何其芳现象”等说法。“何其芳现象”是说他在参加革命以前，艺术功底深，艺术上很高。参加革命后，政治上高了，艺术上低了，不行了，写的东西看不得了。所谓“何其芳现象”就是这样的现象。另外，就是对柳青。柳青主要是写《创业史》，写合作化的。对合作化，不一定是完全被承认的，看法不一样的。假设柳青不写合作化，写农村别的东西，那他的写作功力就无可挑剔了。对合作化这个问题到底怎么看？肯定不肯定？我想你不能因为这个就说柳青跟着政策走，没有艺术性。他写的是那个时代。假设柳青不跟着政策走，那他能写些什么？那时农村就是在搞合作化，那对土地改革又该怎么说呢？

要找一些相比较的例子来谈。就拿钱锺书来讲，他的学术研究的功底是很深的。但他的《围城》这本书也就限于他的生活，再叫他写别的，他没有，他也是受生活所限。那本书的艺术价值多大，很难说。说作品语言好，语言在表现艺术上很重要，但作品最重要的还是主题、背景。老实讲这一点他不如老舍。写这么一本书也可以，但是现在捧得太高。沈从文的东西就比他的要高得多，而且面也广，意义就完全不一样。

刘甘栗： 这也属于长期被压以后的反跳。这么多年，这些人的才华和成果没有机会充分表现。

雷加： 像徐志摩、林语堂这些年被压得也太低了。

为什么没有人提“王蒙现象”？王蒙的《青春万岁》，我没看，我一看名字就知道他写的是那个时代的生活，我觉得他的这本书是可以反映时代的。但是后来的生活他一直还没写出来，于是他开始写现在的这些意识流等等的。他的影响很大，很多人就学他。“王蒙现象”能不能说？也许还有比他更典型的。因为他的位置高，东西又多，影响了很大一部分人。对生活的解释，是心心相通的。他不主张表现现实生活，不主张现代主题。什么时代不时代，我能写什么就写什么，社会效益他是不考虑的。

刘甘栗：赵树理的问题呢？最近看了一些材料，好像把赵树理后来的成果都抹杀了，把他作为一种悲剧，说他原来是很有才华的，但后来由于他太注重跟着政策走，后来的作品没有价值了。

雷加：这个问题跟柳青一样，就是写了合作化而已，他的艺术表现力还在那里。但是他能跳出时代写些别的吗？拿孙犁来讲，孙犁假设要继续写下去，就和赵树理一样了。他的文字好，文字正统，给人清新的感觉，艺术表现力强，一般人都比较喜欢。萧红的文字也有一种新鲜感，但还比较嫩，比较幼稚。文字上他和萧红都是比较好的，他比萧红更成熟。他的作品有一种很清新的东西，他的语言很纯正。他写的《铁木前传》，很薄的一本，三四万字，算是中篇。我一直等他的《铁木后传》，一直没看到。如果没有《铁木前传》好，他肯定不写。他是经过了抗日战争写抗战，也像吴强之类的，后来进城以后的作品就没有了。

为什么没有人研究这个现象，为什么这一批老作家进城以后没有写出更好的作品？是什么问题？我认为是生活问题。

写一本书，就躺在这本书上。一本书，就可以保证我的生活，我也不要求自己再写什么。制度保证我可以生活下去。在别的国家，写不出东西，就没饭吃。这与我们这个制度有关系。

对生活问题还要说的是，一个作家应该有生活，以后要继续积累和补充生活，才能够写下去。你生活在这个时代里，你只能跟着时代走。你就在时代里面，你能够表现时代是好的。

巴金有他的成就，他的成就就是《家》。茅盾不同，他一直跟着大革命，他一开始写就写大革命。当然也有旧的，但是三部曲是写那个时代的。以后，进一步又写了《子夜》，写资产阶级的上海生活。这就比巴金在时代上又向前进了一步。而另外一些人，像丁玲，就更往前走了，写的莎菲女士，是大革命时代女性。丁玲到了延安以后，写了很多散文特写，表现当时延安的情况。在西北战地服务团时，写了许多前方的文章，她还写了很多剧本。她本来不擅长写剧本，但没有东西演，她就写些短的，通过演出教育人民。后来她写土改，写了《太阳照在桑干河上》，比较起来，在时代上又进一步。新中国成立以前，他们三人在时代角度上不同，一个比一个更进一步。从难度上哪个更大呢？当然巴金的《家》艺术成就很大，《子夜》可能没有《家》的艺术成就大，但是在时代意义上却是不同的。再谈到另一些作家，比如以柳青来讲，红军的事情和土地革命他应该知道很多，因为他的家就在吴堡，他一定知道很多东西，但他没有写。他一起步就写短篇小说，写抗战。《种谷记》是写生产的，《铜墙铁壁》是写延安打仗，是当时所经历的战争。后来写了《创业史》。假如说他有失误的话，那就是我们现在对合作化那段历史怎么看？是错了还是对啦？如果是历史上的失误，和他有什么关系？他要有错的话就是选错了主题。当时他又能怎样去分辨和认识政策呢？他处在当时农村的那个环境，他的认识不可能脱离或超越现实，他的选择是没有办法避免啊。不应该因为这个而否定柳青。

“柳青现象”就和“何其芳现象”一样，一样提的。说何其芳革命以后写的东西比以前不如了，艺术水准低了；假如柳青不写《创业史》的话，他会写出更好的东西。这是和“赵树理现象”是一样的提法，这是我最近在《新文学史料》上看到的。对于这些人，怎么挑都能挑出毛病来。而另外一些人，什么都不写，就写我自己，那反而高得很。

刘甘栗：那柳青和赵树理可能就是被作为一个靶子。他们当时是积极响应到基层去的号召，到农村深入到生活中去，而且一扎根就是很多年。

雷加：这说明一些作家，并不是追求什么功利。跟着生活走，写出作品，反而错了。不反映时代，只写自己的，反而对，反而高。王朔玩文学就高啦？假如认识生活是有目的的，我是作家，我要认识生活，由生活来反映时代。有一种是及时反映，有一种是我把生活经验积累起来，我写别的，离今天的主题远一点，不反映当时的现实，而去反映别的。要及时反映，像有一些人写报告文学，很容易被别人看作是功利主义。另外一种人，上面怎么号召，我就怎么干，写不好，就很容易公式化。假如政策错了，你写的也就错了。这是两个问题：一个是根据生活，根据创作规律，深入生活，反映生活，和时代要求相吻合。和时代无形之中的吻合，艺术成就很高，也反映了当代生活的。另一种应该是批判的，紧跟政策走，公式化、简单化。这两种情况是不同的。

刘甘栗：你说的后一种比较极端的就是跟风派？

雷加：对，跟风派就是紧跟着政策走。另外我还要提一个人就是杜鹏程，杜鹏程和草明都可以研究。杜鹏程写了《保卫延安》，那是他在真正深入了延安的战争后，写出这部小说，当时评价还是很高的。当时冯雪峰是很欣赏的，也提得很高。大家对这个现象研究很少，鼓励得也很少。对草明，我认为她的作品无论是中篇或者长篇都是从生活中来的。把自己融入时代，一步一步地向前走。她的作品无论是一部比一部好，还是后面的没有前面的好，这个先不论，重要的是她都写出来了。从《火车头》到《乘风破浪》一直到最近的《神州儿女》。这两种现象，文学评论界怎么看？将来的文学史到底应该怎么写呢？肯定哪个？倡导哪个？

刘甘栗：现在一部分人所说的功利主义实际上指的是党的文学、无产阶级文学，不太喜欢党性太强的文学。

雷加：但是，党性和文学性是否应该一致？

刘甘栗：前些年，对文学的党性强调得太多了。对普通文学、通俗文学和一般的文学压得太厉害。从延安文艺座谈会讲话以后就树立起一面旗帜，要求大家都这么走。其实应该允许各种各样的文学形式和文学内容，在大部分按照《讲话》要求走的同时，应当允许可以通过其他方式反映其他生活侧面。

雷加：纯文学和通俗文学都应该有位置。过去的文学评论，把正统文学强调得很厉害，把另一方面压迫得很厉害，这是错误的。应该是相互都要有。现在呢，正相反了，是把通俗文学捧得太厉害了。

刘甘栗：假如作为一个过程的话，在一个阶段内出现这么一个情况，还是可以理解的。但是如果这种情况起主导作用了，那么这个路子就可能走偏了。上午讲的是抬巴金，压茅盾，压丁玲，实际上，可能受国外的影响，国内因素也不是没有影响。

雷加：国内可能用这个来平衡过去文学史上的一些不正常情况。

刘甘栗：现在上边下意识地在做一些平衡。实际上，茅盾、丁玲被视为共产党的作家，现在国外肯定不是很感兴趣。对丁玲还有些兴趣，可能是因为被压了20年，如果没有这段经历，对丁玲也不会感兴趣。

雷加：对丁玲早期的作品，国外很重视。从学术观点上讲，假设丁玲没有《莎菲女士的日记》，完全像柳青那样，那国外肯定不会重视。现在国外对丁玲还是有研究的。

刘甘栗：你前面谈到，深入生活的目的和小说反映生活较形象，那么杂文和特写的作用更直接。杂文以鲁迅为代表，他开创了一个时代，那么你后来谈到刘白羽、华山、吴伯箫，他们在战争时期写了很多好文章。

雷加：后来各自的美学追求不一样，像刘白羽后来的抒情散文，有的还是很好的，但有些文章太花哨，这就是他的追求。新中国成立初期，他也写过关于特写的论文，说应该提倡特写，但后来就放弃了，不谈了。在创作上也抛弃这条路了，不写报告文学，改写抒情散文了。我所说的特写是在报告文学和散文之间另外的一个东西，不一定是抒情的。抒情有时很狭窄，抒情反映不了太多东西，只是个人抒情；如果是要反映时代，能够跟得上经济建设步伐，反映农村工厂的人或事情，特写是一个方式。特写实际上也是报告文学，但特写更自由一些，写起来更方便一些，有综合性。报告文学的写法，一段就是一段，一个人就是一个人，一件事就是一件事，有一定的要求。跨度大也可以，但是它有它的要求，必须是真人真事。特写就可以综合起来，把真实的典型人物综合到一个主题上。

刘甘栗：特写本身的固定含义是什么？你刚才说的是你的定义。那一般定义是什么？

雷加：可以举几个例子来说明特写的一般定义。在浏览文学史时，没有谈到报告文学时就谈到特写。在托尔斯泰时代，无所谓报告文学，但托尔斯泰许多作品本身就是特写。在托尔斯泰的文学书简里提到他在部队的生活和在高加索一带的情况。当时他写了几个中篇，在今天看来这是小说，但他自己称之为特写。他不但自己写，还鼓动同时代在部队服役的文学爱好者也写，写部队的生活。另外像爱伦堡，除了写长篇短篇小说外，他在欧洲旅行和参加欧战时写了大量的东西。这些作品形式，有的是报告文学，一个人一件事，但大量的是综合，这些就是特写。人物都是真实的，但人和事可以综合。

你曾经提出过一个问题，问我写特写是什么时候开始的，应该是《一张地质图》。《鸭绿江》算不算特写？可以算散文，也可以算特写。但《鸭绿江》就早了，是1940年左右写的。

刘甘栗：《一张地质图》什么时候写的？

雷加：“文化大革命”以后，全国召开第一次地质会议，我参加了会议，之后又去大庆参观，回来就写了这么一篇。明确一点，我的特写是从这时开始的。《五月的鲜花》和《鸭绿江》，你说是散文还是特写？我和李文瑞（注：西北大学中文系教授，报告文学研究者）就是为这个事情争论的。她一定说你要写就写报告文学，一件事真真实实、真名真姓，一个片段、一个侧面。我说在这个基础上可以写特写，她不同意，她说那就不真实了。我们争论的焦点就在这里。她是根据报告文学的要求，不同意把特写归为报告文学。我的观点是报告文学可以发展成特写，报告文学可以归于散文，散文有多种形式，杂文也归于其中。后来因为她生病，没有争论下去。各自坚持自己的意见，没有什么妨碍的。她是专门研究报告文学的，编了解放区报告文学的丛书，她选了我的，也选了周而复的。她坚持她的观点。文学的形式有小说、散文、诗歌。散文可以包括许多。

刘甘栗：你有很多东西写得很怪，说它是小说就是小说，说它是散文就是散文，说是特写就是特写，分不很清。你的这种文学现象是你独有吗？你还能举出其他例子吗？

雷加：菡子的作品有点类似。

我的《黎明曲》，黄钢就说那是小说，不是报告文学，编报告文学丛书不选。我说，不选不行。那篇文章所写完全是真实的，人物的名字也都是真实的。我这次去访问（注：访问抗战时期在河北采访过的地方）是想去看看《黎明曲》的主人公任月花和一些其他人还在不在。

浏览一下世界文学，英美的散文选、拉美的散文选，有很多大家的文章。完全抒情的散文很少，都是写事情写人。现在中国的散文倾向就是很偏，推崇完全抒情的，完全描写风景的。借景喻情，写好了，也很好。但有的就是写景，当时看着很美，但是美景看后一眼就过去了，享受了一番美也就完了。这是两种风格。现在办散文的刊物，抒情的有，写人写事的也有。

我为什么讲到菡子？还有峻青和碧野，都是这种情况。现在有些作家，在写了几部长篇之后都是转向写抒情散文。注重写人和事的散文的，我举出来的只有菡子。她早期作品我读了一些。她的作品，完全是抒情的，比较少。比如《江幼农》，是写一个农村残疾青年，《纠纷》也很好。以后她就写水利建设，写拖拉机厂一类的，完全抒情的东西很少，她的情都用这个来寄托了。

刘甘栗：那么对菡子散文的评价怎么样？

雷加：评价一般还是比较高的，因为一方面内容比较好，另一方面文字好，文字清新、朴实，我最初的写作也受到一些她的影响，我当时写长篇时就读了她的《江幼农》等作品。

比如她的《黄山小记》，后来被用作黄山画册的序了。那个小记写得好，但不是一般的写黄山美景。这东西最怕落了套路。比如我的《江河行》，写长江的，古代诗人写了那么多，刘白羽写了《长江三日》，我怎么写法呢？我开始没打算写，后来想可以换个角度写，拿鸭绿江和它比较，说江河也有它的性格。《江河行》肯定是散文，那《沙的游戏》又是什么？那你说我的作品和别人的有什么不同？好不好先不说。

刘甘栗：对于散文，我看得不多，没有研究过，我们现在对话不平等。当然你的散文有你的特点。语言精练，有你独特的角度，不空，有事情。你的散文最大的特点是比较实。太实的有，太虚的没有。你这几十年奔波忙碌，去追逐时代，追逐一些事件，然后急于反馈，用文字表现出来。有时我想，你要作为一个记者恐怕更为适当。

雷加：做记者，我还不行。真正好的记者，对文字和知识面的要求是很高的，我还是偏重于用文学的方式去表现。所以有人看了我的《沙的游戏》，说："咦，散文还可以这样写！"

刘甘栗：我倒有个想法，你不妨编个自选集，因为散文你也写了很多了。你不妨把你的那些精粹选出来，把你对散文对生活独特的看法写出来。你对散文的看法，实际上贯穿了你对生活的很多看法。对你的作品和观点有争论，你的想法不一定完全被别人理解。根据你的思路，把你认为最精粹的文章选编，你可以把前边的序文写重一点，阐述你的散文观。因为你好像这几年对散文、特写、报告文学的争论，始终放在心上。给我一种感觉，你是耿耿于怀。作为一种创作观点和创作方式，其实也无须争论。实际上，你们的争论仅限于通信。

雷加：我的许多散文在《人民日报》就被压下了，袁鹰不给我发。

刘甘栗：他可能不喜欢你的基本文风。

雷加：他的散文和我的散文差异比较大，所以他就不给我发。

我已经整理了40篇散文，作为我的散文选。前边的序《最早的和最近的》，我也是有意讲我的最早的和最近的散文有所不同。我原来想编一本散文选一本报告文学选，结果就在《沙的游戏》后记上注明是雷加散文选。报告文学选集由于征订困难和内容上有分歧，所以没有成集，没有出。

下面我谈谈散文有几种类型。阎纯德（注：北京语言大学教授、中国现代文学研究者）把我的散文按时间、主题分类，共五六组。我自己的分类：回忆录，是一类；像《高度》和《战争插曲》，这是一个类型；还有就是和主题有关系，比如反映移民的，《移民之路》《列岛童年》《走西口》，这个主题我很喜欢；改造自然的，比如《沙的游戏》《柳赞》；再一类像《大运河》《江河行》；再一类是写地震、洪水；还有就是反映经济建设，比如三门峡、拖拉机厂和油田。写北疆和海岛的也算一组。

为什么说《一张地质图》是我的特写的开始？我对地质一直很感兴趣的，我的文章里写到云南，又写到内蒙古，读起来可能干巴，但我的特写的这个写法和路子就是从这篇开始的。《沙的游戏》和它有相似之处，基本主题都是人类和大自然的战斗。

刘甘栗：这是你所有散文的基本主题。

雷加：对，这就是我的散文的基本主题。凡是这些东西我都很感兴趣，能够使我有激情的就是这些，比如《柳赞》。所以新的散文选中反映人和大自然战斗的主题占重要的分量，《火烧林》也包含在里边。

刘甘栗：《火烧林》这篇文章，当时给你抄过稿子，还记得；当时是否发表了，没有留心。但是对后来这篇文章的发表一点不觉得生疏，觉得好多年前看过。当时帮你抄稿子，感觉很多词很怪，如“接骨木林地”等，印象很深。

雷加：《火烧林》当时没发。因为认为是纯粹写风景的，又很短，当时没有在报刊发也没有收入集子。还有《植物的话》，完全是知识性的东西，当时也没有发。这些文章没有写人和事，有一定的知识性和趣味性。所以文学的知识性和趣味性不能排除。纯文学也有人读，如果纯文学里有趣味性使人爱读，就更好。当然像一些大的文学家可以做到，比如托尔斯泰，他的哪一部不是纯文学？但是你都可以读下去。像普里希文，是专门写大自然的，他的东西使人读起来都可以读下去。我的东西有的可以再看，有的我自己再看也觉得困难，比如《一张地质图》，浓缩得太厉害。

刘甘栗：你的语言有时有点怪，看你的东西有点费劲，从小的时候给你抄稿子时就有这种感觉。你的语言受外来影响比较多，尤其是过去一些文章的文字，语言组装得不太通俗化。但是这十几年你的文字不给人这种感觉了。

厦门大学这篇文章，专门从美学方面来分析你的文章，说你的文章表现了多层次的美。我最近在想一个问题，你们这批人，不喜欢所谓暴露文学，不喜欢伤痕文学。你们有你们独特的对美的追求和看法，是和你们的党性原则是一致的。你们总愿意反映光明，要向前看。对这个问题，其实是可以讨论的。其实任何事情都有美有丑，生活给人打下的烙印也有美有丑，但是你们却总是把丑剔出去，挑出美来反映，通过文章，千方百计去反映美。可是人的经历不同，对生活的感受不同。比如张洁这样的作家，同样一件事情，她捕捉到的是问题，她看问题比较尖锐，通过她反映出来就是生活的一些阴暗面。如果批评她不好，也不行。虽然我也太不喜欢她的作品，但总觉得这类作家也必不可少。因为社会是多层次的，多侧面的，不是只有美。另外我从我自己来考虑，如果我要写文章或写自己的经历，可能写出来都类似张洁的。因为给我感受最深的就是"文化大革命"，自己身体的疾病、在工作生活中碰到的问题，是烙印最深的。可是这些问题你们也碰到了，你们就把这些都闪开了，这可能就有你们独特的美学的原则。包括丁玲，她受了这么大的磨难，从来不去抱怨什么，不去指责什么，她并不是做出来给谁看的，而是深入她的骨髓了。能够做到你们这一点的，也很不容易。所以后来，我看了你的这些东西以后才理解，才明白历史上的一些事情你不愿意写，为什么？你们有你们比较独特的，执着的审美追求。所以我觉得在分析你们的作品和散文时，可以把这个作为一个重点和侧面挖掘一下，这也是现在许多人争论的焦点之一。

雷加：至于写什么不写什么，我脑子里没有这个东西，也没想过写这个不好或什么，我都不想。有些事情，我觉得写出来没有什么意义。

刘甘栗：那比如说你要写回忆录，你亲身经历的事情，别人都没有写过的，比如延安整风。过去学党史，只是知道延安整风，可是不知道是怎么整过来的。可能是你们参加革命以后，有个党性的问题在里边。

雷加：什么叫党性强？实际上脑子里没那个东西。丝毫没有想过我写那个东西会不会对党的形象有损坏，还是我自己觉得这个东西我非写不可，而自己拼命压住不去写。我下去采访时碰到的事情多了，接触的东西多了，我对有些事情没兴趣，我写不了；对美的东西向上的东西我有兴趣，像《这里没有夏天》，他一讲，我一听，兴趣就来了，你不让我写不行，我非要写。那你说这是不是我的一种追求，这不是受哪个原则规定而制约的。

刘甘栗：同样的社会现象，不同的人有不同的看法，选取的侧面不同，对美丑的感觉不同，态度不一样，最后写出的东西完全不一样。最极端的是刘宾雁，看了他的一个集子，他是专门揭丑，他的那个揭丑让人看得不舒服。不是说某些人受到什么不公正待遇，他去鸣不平，这样的作品一般也能引起共鸣。他的一些文章，把各种各样矛盾堆积在一起，并且还不厌其烦地去挖掘深层次的丑陋的东西，把人都变得赤裸裸的。是不是人真有那么丑？反而有点怀疑了。太尖锐化了，让人觉得没有太大意思。而张洁这类人，她的经历比较伤感，有点灰，所以她的作品是另外一类。为什么张洁的作品国外喜欢，属于在社会主义灿烂阳光下给一点阴影，反映一点阴暗的东西，比如像各种不同人的微妙心理等。她的作品容易引起外边的人的兴趣。所以看来对美学的研究，还是挺重要的。我看了电影《墨索里尼》，那里面有很深的美学道理。通过艺术反映，既能感觉到他十恶不赦，又让人感觉到，他作为一个活生生的人，有爱憎，他对家庭、妻子、儿女、情妇，都是一个活生生的人。所以看了以后，觉得把他吊死，他活该，同时你又能够理解他是怎么一步步走上这条路的。这类作品，就使人感到是一个有感染力，很美的作品。

厦门大学除了研究你，还在研究谁？他们为什么想起研究你？

雷加：主要是杨聪凤，她是厦门大学中文系教授，她和另外一个人主编了《中国小说提要》。有一次她到广州进修，和李文瑞住在一起。李文瑞当时正在编报告文学丛书，对我的报告文学有些看法，认为我的报告文学有的近乎小说，有的和散文差不多。当时李文瑞想专门写一篇论文。她们准备合作，研究我的文学特点。丹东开研讨会，李文瑞去了，但通知晚了，杨没有去。假设杨聪凤也能去，她们能见面，搞一个提纲出来，这个研究可能就搞起来了。重庆出版社搞解放区文学书系，康濯编小说，黄钢编报告文学，我编散文。李文瑞和杨聪凤参加编报告文学，我们在一起开会，这时我和杨聪凤才认识，我送给她一部分我的书。她把书带回去，一些学生看到了，有些议论和兴趣。后来学生毕业选题，有几个学生的毕业论文就选了对我的作品的研究。第二次开会，杨聪凤带来了几篇文章给我看。

刘甘栗：外界对你的散文有没有评价？

雷加：没有公开的评价。冯牧曾经讲过。我和冯牧不大接近。有个叫张春宁的，是牡丹江教育学院中文系的老师，他最近写了一本报告文学史，四五十万字。他把中国报告文学的时间拉得更长，以前拉到瞿秋白，还往前拉，一直写到现在。他在请冯牧写序时，他说冯牧谈到我的文章，他说雷加的散文是不错的，现在文艺界对他不大公平。他的意思可能是指对我的作品很少有评论。中国作协前两年搞散文评奖，《十月》有一个主编，叫苏予，她发现北京作协没有推荐散文，就把我的散文推荐上去了。后来见面时她告诉我说对我的散文意见不统一，有人说像小说，总之，意见不统一。公开评论的就很少了，除了马尚瑞（注：北京社科院文学所研究员）写了几篇文章，《哈尔滨文学》上有一两篇文章。卢新华（注：清华大学美术学院副院长、雷加作品研究者）在太原的《批评家》上写过一篇，影响都很小。有人还不一定承认我是散文作家，因为我有长篇，也有短篇。

刘甘栗：最近我看了40年代你写的几个短篇小说，比如《沉默的黑怀德》等，觉得写得相当好。

雷加：《揽羊人》《沉默的黑怀德》和《“女儿坟”的最后一代》都是我在延安时期把前方的东西写完了，当时也深入到农村去了，就琢磨着写了这几篇。等到我写出来以后，边区被包围了，和后方的关系就断了，所以当时没有发表。近万字的东西在延安没有地方发。《五大洲的帽子》是丁玲拿去寄到香港发表的，别的就都寄不出去了。这几篇是在东北解放后出了《水塔》一书直接收入集子的，所以在写作的当时没有产生影响。以《沉默的黑怀德》来说，一万字，能够把当时两个地区红地白地（注：红地——革命根据地；白地——国民党占领地区）两个时代集中到一个人身上，通过一个故事表现的作品我还没有看到。

刘甘栗：我的问题是，40年代，当时的战争环境这么艰苦，你能写出这么好的短篇小说，为什么新中国成立后你的短篇小说就不行了？

雷加：被特写挤掉了。短篇也是这么过去了，长篇的影响过去了，散文人家又不认为我的散文是散文，那不就完了吗？

刘甘栗：你不认可也得认可，这就是事实啊，长篇成为过去了，短篇没有引起注意，散文又不被认可。后来，没有再写短篇，我觉得这可能是你的失误。

雷加：后来写了《黄河在咆哮》《阻击》等几个短篇小说。

刘甘栗：这几篇的分量太轻，而且在技巧上也没有超过那几篇。我是说你在短篇小说方面很有基础，新中国成立后没有认真去发展，我觉得这可能是你的一个失策。当然很多时间你是在深入生活，可是回过头来，你总是感觉你的生活很少，这在我思想上也是一个矛盾。有的人，和别人谈谈话，就有了灵感，写出作品。你深入基层这么多年，你写的东西，和你付出的时间比例不太对。比如三门峡、大庆、玉门，写得都不太多。这是否是受你创作思想的影响？你的创作太实，什么事情都要搞得认真准确，虚的东西太少。我想要是托尔斯泰这么写，一辈子也写不出几篇，他也得虚实结合。你的长篇、短篇、散文，贯穿着一个实。这个实是你的特点，是你的长处，但长处往往也是短处。我总觉得你还有很多东西可写。你从延安时期的笔记本一直到现在都保存下来了，那么多的材料积累，稍微挖掘一下，就有很多东西可写。你现在却苦于不能下去生活了，就没有可写的了，我觉得这种想法也比较怪，不能理解。即或你下去生活，也是去捕捉一些信息，你不可能完全生活进去。现在没有下去捕捉生活的条件了，你是否应当把你积累的东西再进行发掘，虚虚实实的东西把它糅合在一起。我觉得可惜的是你的短篇写得太少。当然这也受到了十年“文革”的影响。

雷加：在创作上有过几个低潮。“文革”以后，那几个长篇写不写？怎么写？要讲生活多还是三门峡生活多，从开工一直到后来。但是还是有很大的不足，生活上的不足。这样的一个工程，除了跟着工程走过来以外，一部长篇里，至少应该有领导集团、技术人员、工人，这三部分都得掌握。但是除了生产过程以外，这三部分人要想写的话，需要补充很大一部分材料。这种必要的补充，隔了一个“文化大革命”，十几年过去了，人都散了。假如没有“文革”，我想，写了一个初稿，补充一两年，再写个一两年，这部书就出来了。

刘甘栗：三门峡这个长篇之所以写不了，主要是因为“文化大革命”？

雷加：假设没有“文化大革命”，我可以接着搞了。现在再补充材料就不可能了，就困难了。还有个时间问题。如果继续搞，需要几年的时间，把握性到底有多大？我不知道。这几年过去了，我的生活跟不上去了。那我下一步怎么办？我就靠着三门峡吃一辈子？

刘甘栗：你的大庆的长篇是什么时候写的？

雷加：大庆是当时很多人去深入生活，我也跟着去过几次，都是短期的。过去在玉门和王（进喜）铁人认识，找铁人谈话比较方便，和他在一起的时间也长。大庆的材料基本都是一些素材，是康世恩领导的大会战的材料，有很多很精彩，但是那些材料只能当作大背景。你要想构成长篇，至少对铁人的家庭、历史等都要了解，以铁人为主，再加上大会战，才能形成规模。要写成这么大规模，只是去几次远远不够。写了一个初稿，基本上就是写几个大会战的侧面。大约不到20万字吧。

刘甘栗：铁人是主人公，写了几个会战。你对这个长篇感觉怎么样？

雷加：我现在也在想这两个东西怎么处理，要有材料就得补充进去，重新写；否则就想完全销毁掉。销毁以前是不是可以摘出几部分能够反映当时大会战的内容作为特写保留，还是可以考虑的。

刘甘栗：大庆的稿子不是都丢了吗？在我们印象里，“文革”前拿到石油部后来就没有了，那后来几十万字你为什么放着不动了？

雷加：当时拿到石油部是请他们政治上把把关，看能不能出。我手里还有底稿。如果要弄得话，得补充材料，要占很多时间。这两部，至少要占三年到五年的时间。这三年五年之后，我就接不上去了，以后又该怎么办？投入了那么多年，还有个把握的问题。写出来后，能比我过去的长篇强，还是不强？比起生活，再怎么生活，也没有我过去的生活多。大庆写得多，新鲜不新鲜没有考虑，但至少是考虑能否比《创业》的文字好，如果不比那个好，我就没必要拿出来。没有自己的东西，只是一种重复，也没必要。但写好很困难。写工业题材之所以困难，也就困难在这里。王铁人的事迹确实动人，但限于个人才力和驾驭文字的能力，材料要充分，怎么能写出来？能不能写好？如果花好几年的时间写不好，我就不如去干别的。

刘甘栗：那三门峡的长篇有没有写？

雷加：都有，都写出初稿了，也给出版社看过，出版社也提出过意见。后来我自己看也觉得有很多不足。拿三门峡来讲，领导层都是省一级的班子凑来的，还有治理黄河的水利方面的专家。我当时只是跟着工程向前走，只是接触到他们的生活工作，但是他们的内心世界当时没有办法深入，以后要补充。对这两个长篇我想有时间翻出来看，把站得住的好的片段保留，其余的毁掉。

刘甘栗：其实，当时你占有了资料就应当写些短篇。

雷加：现在就谈谈短篇。我的短篇为什么写得那么少？我的每个短篇都要酝酿很长时间，不是轻易一下子一个短篇就写出来了，没那么简单。就拿《沉默的黑怀德》来说，原来没有故事，但是在当时的边区接触的事情太多了，红地、白地的斗争，各种人物，怎么表现？后来出现个黑怀德，他生在红地，后来穷得不行到了白地。革命胜利了，别人都享受到了胜利果实，他什么也没得到。后来减租减息了，他终于跟了上去，这不是跨过两个时代吗？还有《“女儿坟”的最后一代》，我很早就有这个材料，但是怎么写？花了很长时间琢磨，最后才变成了这样一篇文章。后来的短篇小说《足迹所到的地方》是写科学考察工作的，这种题材没有人写。主人公是个老干部，领导着科学研究新的工作。这个人物的特点是，他从土地革命就加入了革命队伍，一路走来，很多人倒下了，但他走到了今天，走到经济建设中来了。有许多烈士的子弟，找到他，寻找父辈的献身之地，他就要处理这些问题。最初就是想写一个老干部是怎样从战争环境走进经济建设中来的。《黄河在咆哮》是写三门峡工程的。在四川人民出版社出版《雷加短篇小说》时没跟我商量就把《黄河在咆哮》给去掉了。责任编辑说，周总理出现了，应该算是报告文学。总理的情节完全是真实的。那个时候黄河发大水是真事，把大桥冲垮了，也完全是真事。当时总理在上海开会，中断会议乘飞机到那里去，也完全是真实的。但是里面两个人，局长和副局长是虚构的。我觉得这篇文章的意义是，按照治理黄河的规矩，已经到了警戒水位，只要是分洪了，这两个局长就没有责任了，就无罪；可是不分洪，一旦整个淹了，在过去是要杀头的。分洪，也要淹一部分，但损失是小的。如果不分洪，整个都淹了，损失就太大了。当时已经到了警戒水位，可是这两人没有按照常规，到时就分洪。他们的考虑是，能不能既不分洪，也不损失，就不会造成灾害。他们就根据上游水情，科学考证，民间的论证，有了把握以后，坚定了这个想法。当时正值总理去视察，他们冒着极大的风险提出水势不会再涨了不分洪的主张。结果是他们的决策是正确的，没有分洪，土地也没有被淹。我想讲的是，如果他们当时分洪了，那他们不算英雄，也是很好的干部。但是他们从胆识上、精神上和作为上都向前提高了一大步，充分展示出的是一种新的人物形象。

刘甘栗：工业题材难写就在这里，你说的这么深入的问题，其中的内容和道理，很多人难以体会。他哪能从你作品中体会出这么多东西，悟出这么多道理啊！

雷加：但是这篇文章发表以后还是有反响的，有人说要改编成电影。

刘甘栗：我记得这篇刚写完时给我看过，你当时提出给一个省一级的杂志。我说，这篇文章写得很好，应该给《人民文学》。后来发在《人民文学》1978年第8期，你这篇一下就打响了。这是“文革”后你第一次在《人民文学》上发表作品吧？

雷加：不，1977年发表了《开端》。

还有一个发表作品的问题。“文革”以后很多文章，我都拿不定主意是否投给全国性刊物，怕碰钉子，大多是在省一级的刊物上发了。那时候《人民文学》这些杂志我们都不敢碰。《五月雨》给《北京文学》了，一直不给我发，压下来了，说我那篇文章结尾太一般化了。后来《解放军文艺》给发了。他们说，我们给你发，给你亮相。当时是出于文章本身怎么样和人家给发不给发两方面考虑的。如我的有些文章是在《湖南文学》《山西文学》和其他一些地方刊物上发的，至少是我有把握，发得快，之后就可以结集了。

刘甘栗：看来你的创作的心理也是时高时低，会受到外部环境的干扰，自己内心有时也会迷茫。

雷加：那倒是。

刘甘栗：你刚才提到把大庆和三门峡这两个时期的材料以后可以搞成特写。可是我有个问题，已经过了这么长时间，时过境迁，再搞特写，读者怎么能理解和接受？

雷加：不理解可以不发，至少作为史料可以保留在那里，再没有别的办法了。

刘甘栗：我觉得是耽误了。假如时光可以倒流，可以重新来过的话，深入一段生活，就赶紧出手一点小的东西，这些作品和当时的时代合拍，容易产生影响，慢慢地长篇也酝酿好了。现在的情况是，生活深入了若干年，写也写了若干年，经过了一个“文化大革命”，东西放在那儿。现在重新再搞，即使发表了，也没有人明白三门峡是怎么回事，大庆也成为历史了。

雷加：现在再谈创作上长篇、短篇和散文的关系问题。为什么长篇是那个状况？短篇为什么又那么少？长篇的情况就是上面所说的，素材是有一些，但是不够，需要补充。经过一个“文革”，耽误了十年，再补充材料，再搞几年，我心里有顾虑。而且搞得好不好写成写不成还不确定。我的短篇，好不好是另一回事，老实讲，我的短篇可能比孙犁还多一点，他也搞了一辈子。他的作品到底算散文还是算小说？像《铁木前传》《荷花淀》是可以算小说的。中国的短篇小说家你算算有几个？能够出五个集子的有多少？沙汀、艾芜的作品有多少呢？艾芜一直在吃《南行记》的老本，沙汀的老本是《淘金记》。新的东西有吗？我至少还有几篇新的东西。《黄河在咆哮》你不能说是旧的。

刘甘栗：你说中国的短篇小说家，是指老的。新的人新的作品有不少。

雷加：反映现代生活的，不限于经济建设，农村也可以，有多少？柳青没有短篇。我认为我们那一代，农村的短篇小说写得最好的是王汶石。但他也是在“文革”以前的东西，以后，他没有了，他不写了。我老是在想，按照他对农村生活的熟悉，还有写作技巧，他是可以继续写下去的。他的《风雪之夜》《沙滩上》都多好啊！他的短篇小说基本上都是写农村。写农村的短篇小说他的是最好的。但是后来他为什么没有写下去？这也是个谜。他的身体又没什么毛病，是困难吧？写不下去了吧？还能有什么原因？他怎么跟着生活再深入下去？可能是后来没有再深入进去，或者深入进去了却难以把握。进行文学创作不是那么容易的。

刘甘栗：你们在创作中都有这么多困惑，难怪巴金有那么多的困惑。他们这些从旧社会过来的作家，怎么能深入到新的生活中去，再进行创作，更困难。

雷加：巴金到朝鲜去，那是下了最大的决心。最后也写出两部东西，算是很不简单很不容易了。厉害的还是老舍，他写了《龙须沟》，真算是不简单！老舍的文章我不大喜欢，但是这点我佩服。老舍的语言花，北京的土语我不大喜欢。包括刘绍棠的语言，我都不喜欢，不是正式的文学语言。当然可以存在，有人喜欢。

雷加：钱锺书的幽默，可以幽默。像张天翼，后来的东西我喜欢，早期有一段，文章也花得很，油滑的语言多了。《华威先生》，那个好，我喜欢。

所以现在谈到创作，长篇是那么个情况，短篇要完成一个最好的，也要费很大的劲。我要有写短篇的那个时间，不如很快地写成散文特写。这个路子可能就这么走出来的。

关于我的散文特写，我觉得写得得心应手，社会效益也比较好，何乐而不为呢？从散文、报告文学走到特写，我认为是个发展，因为它的面宽了。它可以综合一些事情，不单纯是写一个人，一件事情。所以得失我是从这里来看的。假如我要是能把三门峡的长篇写出来，不一定能超过《春天来到鸭绿江》。假设我再写三个五个或七个八个短篇，也多不了多少。或者我不写别的，专门写短篇，写十个二十个短篇。王汶石写得也不多，我能写过他吗？我写不过他，王汶石的写作技巧是相当高的。我没有这个把握。

刘甘栗：“文化大革命”以后这十几年，你在文学上的成果，还是比较多的。

雷加：这要看将来怎么评论。这十几年主要在搞散文，至少每年十万字，至少有三五篇自己比较满意，认为是能够站得住的。我就不如写特写。我的特写至少有三篇五篇我是比较满意的。

雷加：所以，要论得失，还是有所得，虽然不大，没有什么失。

刘甘栗：你的优势在于你身体好，有精力。我觉得凡是从事文学工作的，这种执着都是同样的。你刚才提到的所有作家都有这种执着，不然的话他不可能搞文学。可是，有些人为什么不能写了？有的可能有思想上的困惑，很多人可能是身体上的原因，他们没有精力了，下不去了，所以就失去生活了。你的身体好，是一个很大的优势，再加上你的执着，努力，刻苦，所以这么多年你还一直在写着。据你了解，你所熟悉的的同辈人中，也像你这样的年纪，还在写的，坚持到如今的还有几个？

雷加：没有，找不出来了。除了菡子，她一直在下面，但她的面没我宽，而且她的身体也不行，最近几年写的东西没我多。另外像峻青，他也到处跑，但是他专门写他的风景。还有像碧野，也是很刻苦的，他写了几个水利工程。如果提草明，不提碧野，也不大公平。碧野写的天山和一些水利建设，都是新的东西。后来年纪大了身体不好了，就写散文。还有就是刘白羽。在部队搞了几年工作，实际上他的创作没有中断。他利用过去的一些材料主要写传记。他写散文没有间断，但路子和我不一样。当然有人喜欢，也有人不喜欢，但是他有他的追求。另外还有谁呢？没有了。杜鹏程不干了，魏钢焰不干了，李若冰写了《塔里木盆地》后也没有了。像我这么跑的不多。

刘甘栗：你能不能对你的文学生涯做个评价？

雷加：我怎么评价？就像刚才说的，我的得失就是这样。每年有七八万字、十来万字，也就如此。好的也就三五篇。但是至少我开辟了这么一条道路。今天看起来，像我这样走的也还是有的，许多文学青年也不甘于只写那些东西。最近我收到一部是写地质的文学丛书，上边选了我的文章。我看了看，真正作家的作品没有，文章都是业余作者的。我的作品，各种丛书、选本选了很多。抗日战争、经济建设的都有选的。

我的《春天来到鸭绿江》最早表示喜欢的是沙汀。沙汀看后说很感动，甚至流泪了。他推荐这本书。那一年，中国向国外推荐的有这本书。我的《鳝鱼》，胡风喜欢。当时是在《东北日报》上发表的。胡风到安东造纸厂时，他看了，说："我喜欢这篇。"后来他回到北京后，还叫路翎专门找这篇来看一看。现在文人之间，大家互相议论文章都很少了。我除了和菡子议论议论，北京这么多作家，一般不常见面。我和林默涵比较熟悉，在延安文抗是在一起的。林默涵和柳青很好，对我也不错，但是我也不大去。经常来往的有谁呢？喜欢打电话来往的就是草明、严辰、阮章竞、黄钢等等。另外一些人互相也了解，但也不怎么来往。

去延安前后

雷加：谈谈去延安之前的情况。

从"九一八"到日本，在北京的活动，我的圈子不太大，一些同乡，有的是名古屋大学、中国大学、法政大学的，思想都是比较“左倾”的。有一个商业中学的叫王维镐的同学，他比我高好几年级，他后来在北京中国大学，他的英语不错，准备翻译陀思妥耶夫斯基的东西，当时在《古文周报》《大公报》上发表了很多文章。我那时十七八岁，也开始写作，让他给我看看、改改。后来我蹲了一个时期的图书馆。那时读什么书，不读什么书，是有一套书目的。从《政治经济学》《共产主义ABC》开始一整套书目，我们那时蹲图书馆就是根据这一套书目看书，看懂看不懂是另外一回事。看文艺作品也都是看苏联的作品和五四运动以后好的东西，这些人是思想向左倾的。有的人是往国民党那儿转，都分得清楚得很，对那些人，我们是不沾边的。后来，国民党不准游行，提出“读书救国”的口号。“抗日救国”和“读书救国”两个口号是对立的。冯庸大学复课，因为没有什么经费，也垮了。后来和东北大学合并。合并以后，我读了一段后就离开东北大学，以后就泡图书馆，以后又到日本去。这时候，学生就正式分化。所谓分化就是，想救国，找各自的路子。一部分人，我们中间很大一部分人考了航空学校，可以驾飞机，打日本。抗战一开始和日本飞机对抗，真有好几个同学牺牲了。另一部分人，正式投向国民党，考国民党警官学校。还有一部分人进了清华大学、燕京大学，正式去念书。

刘甘栗：你从冯庸大学到了北京，究竟是怎样走向文学的？

雷加：冯庸大学复课后合并到东北大学。复课后组织了一次抗战义勇军，“一·二八”到上海。义勇军到前方能打仗就打仗，能服务就服务，也有唤醒群众的意思。转过年，西河口打仗，又组织了一次义勇军。那一次，我没有去。我觉得冯庸大学组织这样的行动，没有太大的实际意义，因此没有参加第二次义勇军。后来我和张殊（注：前妻）结婚，就出来了。当时我十八九岁，张殊和我一样大，也是冯大的，一块儿逃出来。冯庸大学有一批女生，她会打篮球。那时我就和王维镐混在一起。王维镐是中国大学的，思想左得很，给我开了一批书目。在北平，我就住在北海后门那里，每天到图书馆去看书。后来张殊怀孕了，回到安东去生孩子。生了小孩儿后，又回到北平。昨天讲，大家都找出路，这么混不行啊，没有出路。你想救国，没有路子。要不就投奔到国民党，投奔国民党也没有路子。一部分人考航空学校，一部分人考大学，一部分人留在东北大学复课。游离出来的一部分人怎么办？大家各奔前途。当时有去日本的机会，我和家里说，家里没有意见。那时到日本去，生活比较便宜，当时日本的生活和上海的生活费用差不多。从塘沽坐船一天一夜就到了。从陆地走，经过平壤，到朝鲜半岛最南端的釜山，再坐一晚上的渡船，就到了日本神户了。

刘甘栗：到日本去的目的是什么？

雷加：目的？那时并不是真想读书，学会日文，去混个文凭。那时哪有心情真正读书？但那时就讲究文凭，没有文凭就找不到工作。回来还可以找事情做嘛。在日本待了两年，我是1935年去的，1937年3月回来的。

在日本，一般的留学生都是先到东亚日语补习学校学日文。学日文中间，和田风认识了。一解放田风也到了安东，办了个白山艺术学校，培养了一批人，后来又调到大连文工团当团长。

谈谈在日本的情况。吴天是写小说，写剧本。田风是在日本的美术学校。后经过田风又认识了王式廓，他也在美术学校，认识吴天，邱东平也在那儿。经过田风，又认识了张水华、杜宣。田风学美术，但很喜欢戏剧，他和张、杜打成一伙，我也和他们认识了。那时，张水华在日本导演《日出》《雷雨》。凤子也在那儿，担任主角。颜一烟演顾八奶奶。在日本东京演出。当时他们和日本左翼文坛的人非常接近，没有日本文坛左翼的支持，他们也演不了。当时郭沫若住在乡下，还请郭沫若在森田学校的青年会做了一次报告，国民党分子就扔鸡蛋。

那两年的暑假都是到日本的海边千叶县。在日本，夏天都到海边去。有的海边高级，贵，去不了。我们这些留学生一般都到千叶县。千叶县离东京比较近，去了以后就租老百姓的房子，自己弄点饭吃。一般是上午看书，下午去游泳。我们住的地方就等于一个大村子。有一年暑假，我母亲去世了。那时我正在海边，海边有一个浪木，因为学校的体育器械多得很，浪木也不稀奇，我就在浪木上面玩。那天正在浪木上走，一下子觉得不对，摔了下来。后来我父亲就写信来说你母亲去世了。我一直认为可能就是我从浪木上摔下来的那个时辰，有一种心灵感应。

聂耳就是在那个海边死的，我们在海边给他开了追悼会。

后来才知道林林等人当时都在日本，当时不认识。

刘甘栗：你在日本就读了日语学校，后来又读了什么？

雷加：后来就想混文凭，就找到了法政大学，法政大学专门有教员，你选一科，一年两年交一篇论文，然后给你一个文凭，主要就是花钱。我找了个教员，也选了科，类似国际关系、国际政治一类的。实际上，日文是日常用语，翻译东西主要靠字典，短东西可以翻一点，深一点的不行。实际上是花点钱送礼，到时请人做篇文章，就完了。到国外混文凭的都是这样子。结果，没等混上文凭，就赶上七七事变了。事前，我有预感，因为有风声说：对留学生要集中，要控制。那是“一二·九”以后。“一二·九”时我是在日本。后来觉得事情不对，所以就回来了。我是1937年3月回国的。又是一个3月。

刘甘栗：那当时还没有七七事变？

雷加：还没有七七事变，但是那边紧了，很多人走了，我们也回来了。回来以后的生活就是这样。冯庸大学有个体育老师叫王澜，他会日语，那时叫冀中政府，他在那里任职。找到他，他介绍我到一个北平通讯社工作，去当记者，一个月18元钱。

刘甘栗：这能不能算是你文学生涯的开始？

雷加：文学生涯应该从我读图书馆的时候开始。王维镐想出一个刊物《薇蕨》，刊物出了两期或三期，三个人搞，王维镐、刘曼兮和我。我们三人常常在一起写文章，有时也投稿。我在《大公报》投稿，有时登，有时不登。刘曼兮也写些东西，王维镐的文章写得不错，常在《大公报》上登。

爱好早就爱好，很喜欢文学。真正开始写作是那时开始写的，但是没有什么东西留下来。

等到了日本以后，也是喜欢文学，也买了一些日文书回来，都是关于文学的。真正走上这个路，有没有把握，很难说。一方面觉得自己没有生活，另外文字上也是慢慢锻炼。因为流亡，书没有念好，文法也不精，古文底子没有，这都属于最大的缺欠。真正开始接触文学就是那时开始的。《最后的降旗》就是那时写的，是七七事变时写的。原来对这篇文章我没怎么在意，最近我把它翻出来了，编入了《边城和人》里面，我又读了读，觉得还是有一点点分量。过去评论我的最早的作品是《平津道上》，那么这篇比《平津道上》还早。如果现在让我说，我认为我的第一篇应该是《最后的降旗》。

这样不是就和左派联系上了吗？但那时对入不入党思想模糊得很，不懂找组织入党。觉得只要路这么走，就对了。

但是回国以后也没法生活啊，做一个通讯社记者，就是每天去，搞一篇东西交差就完了。每天去，大家你不理我，我也不理你。我记得那个主编很是厉害，房子很小，一进门一个桌子，趴在凳子上，他从来不坐在凳子上，蹲在那儿的样子真是像个师爷似的，文笔是有一套的。我那时一个月挣18元钱，住在东北大学后面，就是西直门崇阳观后边，吃饭用打气炉子煮面条、炖豆腐。所以七七事变时没有钱了，口袋里只有二三元钱，走不了。

到了北平以后，连入民先也不懂，但游行我都参加。延荣懋（注：雷加在北平参加党的地下活动的主要联系人）也在北平，他那时是东北大学领导学生运动的头头之一。

刘甘栗：去日本前结婚了吧？

雷加：去日本是带着张殊、刘立伟（注：大儿子）一块儿去的，也是一块儿回到北平。这样三口人一个月18元钱。没过两个月，就七七事变了。在北平除当记者外也有活动，认识了林火、马加。他们也都是东北大学的，马加那时组织了个社团叫“青年写作会”。舒群从上海到北平来，开了一个欢迎座谈会。

七七事变后流亡到了南京，圈子扩大了，有师田手、江陵等，大家写文章反映沦陷的情况。上海的人也撤到那儿，认识了舒群、罗烽这些人。

抗战了，但是既没有职业也没有出路。

我是怎么从武汉到的西安，又从西安到的延安的呢？我是在北京认识魏伯的。他是北大学生，“一二·九”就是参与领导运动的，资格很老。他有地下党的关系，被派到国民党去工作。后来我从武汉带着刘立伟，张殊那时已经到了临汾，在临汾大学，是临时成立的一个大学。她从那里到了延安。到了延安，给我来了一封信，说，你也到延安来吧，小孩子的问题这里都可以解决。

七七事变后，我没有钱。当时马加有一点钱。不知道他从哪里搞到一笔钱，可能是稿费。还有一个王辛波，我们三个人成立的一个文艺青年写作会，当时就合计我们能不能先走一步，到上海去报道北平的一些情况。当时可以坐船，一合计马加的钱不够我们三个人坐船从天津到上海。我当时只有几块钱，没办法，就商议我先走。我马上给家里写信，家里寄钱来以后，他们再走。我就先走了，经过虎头崖，经过潍坊，到了尉县，到了济南。我的那张流亡的照片是在济南拍的。从济南到了南京。在南京成立了北平青年写作会。当时有师田手，有马加，还有搞美学的吕荧。还有一些人，有一个张瑞芳的姐姐叫张楠。后来南京沦陷了，我们就跑到了武汉。当时也没有办法，我就找到舒群。我与罗烽、舒群、张仃是在南京认识的。他们是从上海撤退的，我们是从北平流亡的。这样，在南京，大家都会合在一起了。当时，舒群给我写了一封信，介绍给周扬。周扬那时在边区政府教育厅当厅长。我是拿着这封信进边区的。我要领着小孩子到武汉到西安。

刘甘栗：大哥立伟是什么时候，怎么就被你带在身边啦？

雷加：张殊走了，就把刘立伟丢给我了。我们是在武汉分的手。她有个机会到临汾去，我说，好啊，你去吧。她不能带小孩子吧？那么，孩子就留给我。我就带着小孩子有时候睡宁玉的地板上，有时睡在江凌那里。带着刘立伟，有一顿没有一顿。江凌那时办了个《大众日报》。我就帮他办，就睡在地板上。后来说可以到延安去了，就带着孩子到了西安。到西安是坐火车去的，那时钱还有一点。但是，从西安到延安这段怎么走，就很困难了。怎么走？没有车，又带个小孩子。1938年3月，国民党方面卡得还不算严。正好在西安一下子碰到魏伯了。魏伯由于地下党的关系，进了第二战区，成立了一个战地文工团。那时，朱穆之他们都在里面。我问，你们到哪里去？他说，过黄河，到山西，路线要经过延安。我说，我参加你们的团吧！他们有汽车。我就这样坐着他们的汽车一块儿到了延安。到了延安，我下车了。我说，我带着小孩子怎么办呢？我不走了。当时张殊也在延安，她在抗大。到了延安，我就拿着舒群的信去找周扬，就安排我进了抗大。进了抗大以后，我写了一些文章，发表一些东西，就在抗大学生中传开了。这时，边区文协组织抗战文工团，那时是柯仲平组织的。柯仲平是第一组的负责人。要组织第二组，有高敏夫了，总归还得有两个人，就从抗大找了两个人，一个是我，一个是韦明。

刘甘栗：我听了以后，我的感觉是那时你就算个文学青年，还不算作家。

雷加：对。因为没有写多少东西。

刘甘栗：那时舒群的情况怎么样？

雷加：舒群的那篇文章《没有祖国的孩子》已经发表了。当时有影响的东北作家有萧军，有萧红，还有舒群和罗烽。舒群和罗烽的党龄很长，在东北参加的地下党，在上海又参加了左联。

刘甘栗：那你真正开始文学生涯也就是从参加文抗开始的?

雷加：那以前也写东西啊!《最后的降旗》是在这之前写的。前边还写了好多文章。真正讲，算是写了些文章的文学青年。还不能算是真正的开始。到了延安，到了前方。从前方回来以后就回到文协了，丁玲很快就来了，我搞了一年秘书长的工作，后来又搞文艺小组工作。一直到1942年，前方的东西写完了，我就想办法下去。

刘甘栗：那你讲讲延安整风吧，为什么要到绥德去?为什么要和魏伯他们下去?

雷加：只能讲过程，过程很简单。我是1938年到前方去，1939年3月回来的，回来以后，那两年都是写前方的东西。1939年、1940年、1941年这三年都是在写前方的东西。文章都写得差不多了，前方的材料差不多都写完了。后来写了《躺在睡椅里的人》和《沙湄》，这两篇是写延安的生活的，是在《解放日报》上发的，格调比较低。当时我也面临着前方生活写不了了，那么，我还能写什么的问题。所以，就很容易就走向低沉。后来我就下决心到绥德去了。以后，丁玲才发表了《三八节有感》，我是在绥德看到的。那时，孔厥、葛洛他们也都要下去，他们是在鲁艺。我们文抗的魏伯、庄启东，都先到三边去了一次，我没跟上。另外一部分人呢，就是轮番到前方去，像马加、周而复他们，一次到前方去，回来以后又去了。

当时大家情况都差不多。孔厥他们到农村去了，回来就写一些翻身的故事一类的文章，或是写大生产运动。当时文抗的情况就是这样，前方写完了就再到农村去。前方写完了，就想办法再去。到农村去的也是这个情况。写自己过去生活的，几乎没有，顾不上。现在看来，拿得出来的，留下来的，都是这些反映前方或农村生活的作品。哪些人到前方去呢?没有家的人去。当时，周而复没有家，吴伯箫没有家，马加没有家，都没有结婚。这些人都是来回到前方跑。到农村去的人还比较少，像魏伯、庄启东，到三边去了一下，等于去看一下，采访一下，回来，不是真正深入下去。像孔厥他们倒是在底下住一住，所以他写了一些东西。对孔厥，今天看他当时的文章，都是根据谈话记录整理的，再进行一些艺术加工。没有人家的谈话，他也没有东西。那些生活都是人家的，他就是加加工，不过他找的那几个对象比较好，能说，故事很完整。我的一些文章也一样。最初，延安刊物也多，拿到大后方去的也多，都是反映前方的，或是反映军事生活的。从大后方来的许多成名的作家，他们也下不去，就没有作品。代表人物，像欧阳山、于黑丁、艾青。草明那时也没有东西啊。她那时候有一家人，也下不去。这种情况当时多了，谁下不去，谁就没有东西。当时，不写民族斗争只写身边小事，没人要，没有地方给你登。当时我认识的生活规律就是这样。你要有本事，说自己的生活多得很，我慢慢写，可以。但那时，不是托尔斯泰时代，他背后的整个社会背景他都了解，农奴如何解放，农村的庄园，和地主的关系等等，那种生活他都熟悉他都懂得，他可以写，甚至于可以写一辈子。中国不行啊。中国过去有名的作家，真正跟着时代走过来的有谁啊？茅盾算一个，郭沫若文艺作品没有茅盾多，但也应当算跟着时代走过来的。另外还有谁？没有人啊。没有几个。那么，新的时代来了，新的时代、新的社会，你怎么认识？怎么反映？这对作家来说是一个很大的问题。比如说，开过一个漫画展，还有了街头墙报啊，慢慢开始有这些东西了，所以就有了平等不平等，四个口袋和两个口袋，走路和骑马，大灶小灶之分等等问题。已经很平等了，但是大家感觉到还不尽如人意。因此，才有了丁玲写的《在医院中》，背景就是延安的医院。她也暴露一些问题，在她的作品中，格调也不是很高的。东西越来越少，不下去就没有东西，而大家又不下去或者下不去。另一方面开始感觉到新社会也有问题，所以，杂文时代也就出来了，问题就暴露得越来越多了。《在延安文艺座谈会上的讲话》为什么提出这些问题，就是这样的。有过去积累的一些问题，也有当时在延安表现出来的问题。也是新旧社会的关系，你不能写旧的；写新的，你又没有。

你不下去，就没有。所以当时我和魏伯、庄启东三个人一说就下去了，全家搬。魏伯那时有两个小孩子，庄启东也有一个小孩儿，老太太也下去了。我们带着刘立宾，当时他好像才几个月吧。我们是1942年3月下去的。那时下去，也不觉得下边怎么苦，因为延安也那样，到了绥德也那样。但毕竟是搬了一次家，大家都到了一个新的地方，到底会怎么样？而且那个地方，警备区并不完全是我们的。不属于边区范畴，紧靠着榆林，是斗争的前线。一面是黄河，过了黄河就是敌人，往北就是榆林，国民党的部队就在那儿。

刘甘栗：你们当时下去为什么还要找任弼时？

雷加：我们提出要下去的要求，丁玲他们给反映上去了。上边很重视这件事，说，好！那时，无所谓系统不系统。当时任弼时是常务吧，于是就给我们亲自写了信。我记得很清楚，那时中央领导习惯用铅笔，他的铅笔用劲很大，很厉害，使人觉得很认真。他当时写字的姿势也很特别，给我的印象非常深。我们去他那里就是去拿介绍信的。当时的供给关系都是从财政厅向下转的，很正式的。当时任弼时是给王震写的信。王震当然也很重视，亲自布置，亲自去看望我们。

刘甘栗：你们算是第一批下去的？

雷加：正式下，我们感觉这是第一批。当然，鲁艺陆续派一些人到前方去。作协也陆续派人下，就是抗战文工团。刘白羽、欧阳山是第一组，我们是第二组，后来又有第三、第四组。第三组可能是吴伯箫、卞之琳他们。各组随着大团活动，我们自己也有活动。丁玲组织的是西北战地文艺工作团，文协组织的是抗战文艺工作团，是两回事。我是1938年3月进的抗大，先是3个月的政治队，后来转到军事队，军事队没有完，就找我谈话入党，派我到前方去。身份是边区参观团和抗战文艺工作团。抗战文艺工作团是第二组，高敏夫是组长，成员有我和韦明。韦明后来是总理的新闻秘书。高敏夫的《战地日记》把整个活动都记得清清楚楚。所以，那时的文艺座谈会讲话很及时。大家同时都提出问题：怎么办？讲话里提出的深入生活为人民服务等，都是我们当时急于解决的问题。我们下去不久，就整风了。文协就等于没有了，那时叫文抗。文抗一整风都归并到党校三部了。所以，在整风那一段，文章都很少。延安的作家没有写，我们也没有写。假设不整风，他们又会怎样活动，就很难说了。

刘甘栗：你们一离开延安，就脱离文抗了？

雷加：也没有说脱离，当然供给关系不在了，编制就走了。但是我们也不属于哪个部门，还算是文协派我们出去的。等于去深入生活。也不属于绥德哪个部门。后来，整风开始就等于关系在地委。当时的地委书记是习仲勋，警备区司令是王震，专员是袁任远。到了绥德以后，先在面上跑，几个县都跑到了。葭县、吴堡、米脂、绥德，靠黄河边上的几个县都跑到了。那时，绥德警备区算是我们的部队，到了米脂就是最前沿了。那还有国民党军队呢，所以，不叫县政府，不正式归我们，叫作县务委员会，县务委员会是我们的。绥德算边区范围，米脂就不算了。当时，面上跑一阵，参加活动，当时在搞选举，搞“三三”制，减租减息。后来，魏伯到了县委，庄启东就到了杨家沟，一个地主的村子，我也在那里住了一阵。他那时是做副区长。区长是最大的财主，姓马。保长是当时的贫雇农，开起会来，厉害得很。斗争尖锐得很。

到了陕北农村深入生活，要蹲点了，乡是最基层，我就当了个乡文书。庄启东和我的路子差不多，他在面上跑跑，后来也当乡文书。我那地方是义合区的党家沟。当时是把我从党家沟弄到绥德去整风的。整风那个事情先是从报上知道的，最初整风开始就是学习，后来到了抢救运动时就变了。我的事情完全是因为金肇野。金肇野在《解放日报》上写了一篇文章，说复社是什么什么机关，标题很大。我的历史问题上有个复社问题。复社是当时“九一八”进关以后，一些东北的老乡在关内组织的进步的同学联谊团体。这就要从头说起我的中学生活。当时安东有两个职业高中，一个是林科，一个商科。我高小毕业以后，就考上了商业中学。在商业中学学习不到一年，那个冬天正好沈阳开了个三省运动会，是冯庸大学主持的。当时我们学校有人去，去的人回来说这个学校如何如何好，是冯庸自己办的，有汽车，有飞机，还有什么什么，我就动心了。当时三四个人就一块儿到沈阳考这个学校。

冯庸大学有个中学部，我们要重新考中学一年级。是冬天去考的，从沈阳站下车到城里去住。这段路相当远，坐马车，冻得要死。而且听人讲，路上很危险，胡子厉害得很，一路很害怕。到了沈阳城里以后，一问，才知道路走反了，要到冯庸大学还得回去，过了桥洞，又回到铁西，在揽军屯呢。

刘甘栗：当时你家里也同意?

雷加：家里对这些事情都同意。我说要到哪儿，家里一般都同意。比如我说要去日本，家里也同意。结果后来考上了，就在冯庸大学上学了。我们所说的冯庸大学指的是中学部，我那时不到上大学的年龄。冯庸大学的大学部专门是学机械的，都是工科，他的口号是工业救国。

刘甘栗：你在冯庸大学一共待了几年?

雷加：很快就事变了，我是1928年去的，1931年就事变了。也待了好几年。在商业中学的时候有个教育长叫栗又文，新中国成立后是吉林省省长，是东北元老，老地下党员。在商业中学有几个同学。有现在的商业部副部长，是个瘸子。还有一个没有胳膊的，叫于富昌，都是地下党。我在北平就和安东那些老乡在一起，大家都谈到栗又文。这个复社是他在北平组织的，只开过两次会，是进步青年的组织，同学联谊会的性质。当时金肇野是北京哪个日报的记者，他大概对这个事也知道一点。于是延安一整风，他就揭发这事。他一个，于某某一个，他们是活跃人物，到处做报告，一下子把所有河南人都打成什么“红旗政策”，都是假党员都是特务，凡是东北人都是汉奸。

当时闹得最厉害也就这样了。你讲不清啊，为什么“九一八”以后你还能回东北去一次？他这么一登报，一讲，咬了好多人，好多人都被他咬住了。

刘甘栗：于某某后来不是还挺有点名气的吗？

雷加：那金肇野后来也没什么，不是还在情报部吗？

刘甘栗：品质够坏的，事后他们也不反省，也不赔礼道歉？

雷加：是够坏的，但是过去也就过去了。还要每一个人都反省？不知道。

雷加：那时的基本情况是这样。当时延安的情况因为我不在那里，我也不知道。大概是都停止办公，都进行学习。就是大的机关整风学习，小的机关合并。像文抗就合并到党校三部。一部分人学习，有问题的就分别成立专案组了。有的在机关，严重的就搞到保安部了。像魏伯，一整风，就叫他回到延安。他是县委主任，等于是县长一级。当时边区政府开高干会议，在会议过程中就进行整风。当时就把他揪住了，他被整得很厉害，一下就进了保安部了，好久没有出来。

刘甘栗：他是什么罪名？

雷加：不知道，我没有问过。不会有什么事，进保安部的人很多。那时进保安部就等于我们在绥德进保安处一样。我要在延安，可能也进保安部。

刘甘栗：后来就开大会啦？

雷加：对，开大会了，我以为就是参加大会，没我什么事，就是学习吧。想不到会上点到我的名字，我精神上没有准备，但我觉得我没参加什么，也没有什么活动，我没有特务活动，汉奸就更不是了。但是心理压力当然还是有的。感情最爆发的情况倒是没有。感情爆发是在我的问题基本上他们研究了，确定参加的复社就是个学术团体，我的问题不是政治问题。但是，没有正式材料，因为远啊，没有旁证，当时的战争环境，不允许到处去外调啊。搞不到证明材料，所以就把我挂起来了，再后来，就把我解放了。

刘甘栗：你再把七千人大会的情况讲讲。

雷加：七千人大会当然还揪了一些人，在揪我前面还有别人。当时一蒙，也都记不清楚了。当时我的反应是，我说我不是汉奸，大会上也没法多讲，但是我也绝不能承认我就是。所以，我就大声地喊了那句话："我是东北人！"喊这句话的意思是，我是"九一八"流亡出来的，我要打回老家去，我既不是特务，也不是汉奸。当然，在运动初期提出来了总是要进行审查。这个阶段，就归保安处。在最初一个阶段正式当作犯人了，在白家沟，白家沟是关押犯人的地方。

刘甘栗：在大会上一把你揪出来就戴手铐啦?

雷加：那倒没有，手铐是后来戴的。审讯过程是这样，最初要审讯你，要你承认这个事情。头一天就跟个犯人一样，把我关押在窑洞里。你妈妈伊苇带着刘立宾也被安排住在隔壁的窑洞里。她不知道，我也不知道。结果一锁门，本应该锁我，可是却把她给锁上了。第二天早上她开不开门，喊人，才发现锁错人了。后来，她再没有下去了，留在城里的小学做教员。当时从女大出来的学生，有一部分到乡里当文书。从抗大出来的，一部分到前方去，一部分到地方上。我作为政治犯人很快就把我送到白家沟监狱，还剃了头。晚上进行审讯，最初是地委直接掌握，后来又送到县里保安科。我正式归地委下面的保安处。最初审讯归地委，后来保安科又查了一下，最后又回到保安处去。地委审讯时，因为我当时小有名气，是宣传部长李华生审讯我，这个人资格也很老，大概是华北一带共青团的书记。审讯一般都是晚上。一叫我名字，就知道要提审了。赶快把行李卷一捆，行李就是一个褥子一个被子，赶快就跟着走。谁知道审讯完到哪里去啊！夜里黑漆漆的，从城外白家沟进城。前后有人押着。当时地委有电灯。到地委，然后到宣传部，一进门，一看是宣传部长。他还比较温和，比较客气。一般的应酬，反正是他怎么问我就怎么答。提审完了，叫我回哪儿就回哪儿。白家沟监狱每个窑洞的炕都很小，一般住两个人，最多住三个人。我那天讲在监狱里抽烟，烟末从哪儿来？实际上都是捡烟头。抽烟的办法是在炕沿上下各钻一个洞，两个窟窿中间还得有个管吧，找个苇子什么的，这种抽烟的办法，也不是我发明的。原来就有这个东西，是前面的犯人留下的。

在绥德保安处，一般是晚上提审。那天，提审的人很客气，一般地问一问，例行公事的样子。临走，他把写字台的抽屉拉开，拿出几个月饼，我忽然意识到：今天是八月十五。他说，你带回去。后来他一看，月饼不好带，怎么带啊？他又拉开抽屉，拿出一张很白的纸，比报纸还好的纸。当时延安的纸很金贵，根本就没有什么纸。我当时用的都是从武汉带去的航空纸，我寄稿子都是用那个，纸很薄，抄的字很小向外寄，本子基本没有。那么白的纸他就要包月饼，我心里想，这纸给我多好，也不好说，但是我无论如何不愿意用这么好的纸包月饼。能够写字的纸，哪能包月饼？心里想，我用手绢包，不就可以省一张纸吗？用什么手绢呢？当时延安那么穷，但是有绸子手绢。我和伊苇结婚，别的没有，办了几桌酒席，大家一块儿吃饭，另外就是有一块很大的红绸子，所有人在上面签字，第一个是吴伯箫，还有丁玲、艾青、萧军、欧阳山、艾思奇等，很多人都签了名。这块红绸子“文化大革命”被你妈妈烧掉了，没有了。我喜欢用这类绸子手绢，很薄，比较大，叠起来很小，放在口袋里不鼓囊囊。我想，不如用我的手绢包月饼。我说，你别用那张纸，我这里有手绢。我掏出手绢，往桌上一放，忽然间心想，完了！那时被审查，总归要坦白，要交代，已经写了一些材料，怕忘记前后顺序说什么，不说什么，我怕忘，就打了个小抄，用很小的纸，写的字很小。但是实在没地方放，放在口袋里怕人翻。我把小抄团成一个小团，放在手绢里，如果别人查，一看，这是个手绢，万无一失。下次你再叫我交代，我可以就照着写，出不了错。可这一抖手绢，小抄就跑出来了。那天，我在我的机关说这事时，大家都像听故事一样。“后来怎的啦？”大家紧着问。

刘甘栗：他看见了吗？

雷加：他当然看见了，他拿走了。我又不好说，我也不能抢过来。

刘甘栗：你告诉他，这是打的底稿。

雷加：你为什么打底稿？你没办法去解释。但他还是给了我几个月饼，这个人真不错。那时他们可能也有底了，考虑我的事，不是什么大问题。不然的话，不会给我月饼。但是后来又把我移到保安科，由县保安科来审问我。有时隔几天，晚上提审。那时你妈妈也在保安科，暂时调到保安科帮助工作，她后来看见登金肇野消息的报纸了，想，大概问题就出在这里。当时我们所在的乡长来回跑，他对你妈妈说：雷加的事差不多了，到了宽地里去了。意思是比较自由了。你妈妈托乡长往里面给我送东西，用这张报纸包了烟和一双袜子。很久没看到报纸了，我收到东西，当然要看看报纸了。一看，我明白了，原来是这么一回事。以后，就照着报纸的信息来交代。复社的事，什么性质的团体何时成立的，都有谁等等，实际上我入党时就交代了。但是他这么一咬，说这是特务组织，那组织上当然要追查了。我当然要详细交代，我也不咬别人，谈到它是学术团体的性质，提到栗又文。实际上以后我就集中交代这件事情。但是地委审讯认为进展不大，要县保安科搞。这时就给我来厉害的了。过了一阵，也许是几个月，也许是一两个月，搞不清了。在保安科有时提审完以后，不让我回去，不让回白家沟监狱，加重铐，加压。一次至少搞一晚上，一晚上翻不了身，很难受。搞的次数不多，大约三五个晚上。后来一看，也搞不出什么，也就算了。白家沟就是绥德的监狱，各种犯人刑事犯等都关在里面，整风运动中的犯人也是关在那里。我不是最厉害的，但我是大会检举的。回到保安处，看到一些人，有的人比我严重得多。有一个叫刘义山的，新中国成立后在北京，搞税务工作。他的事就比较复杂，有和国民党的关系，他始终被作为重点。我到了保安处，实际上问题已经差不多了，大致没有事了，就是等正式材料才能做结论。情况不同，庄启东就是进了地委下边的学习班。

刘甘栗：涉及面很大，很多人都牵涉进来了。

雷加：凡是有点问题的都牵涉进来了。进的各种班也不同。问题严重的就进了保安处了。后来到了一定阶段后，我就自由了，留在保安处工作。保安处部长姓布，叫布鲁。他后来和上海杨帆的案子牵扯到一起了。进城以后，“五一”节观礼，在天安门我还碰到他。他是广东人，很开朗。

刘甘栗：前后又搞了多长时间？什么时候解放的？

雷加：大概至少半年了吧？解放后在保安处至少工作了半年以上。那时就和那些犯人都搞在一起了。有个本地人的特务头子叫栾丁生的也解放了，还有一个想当地主的人。我在《漫步高原》中写了一个想当地主的人，那个人也在那儿。他是榆林的学生，过去思想也很左，在农村中他是个中农，这个人知道的事情多得很，古文底子也很好。栾丁生也是很有学问的人，是个中学教员，被打成特务头子，都关在那里。我被解放后就和他们混在一起了。

刘甘栗：那时你平平静静地就被解放了，也没什么想法？

雷加：那有什么想法？你说！关着就关着，关着也没办法；出来就出来，出来也没想法。反正没有什么事情，到时候总得有个说道。

刘甘栗：所谓的抢救运动，是在打击了一大批人以后，再把他们抢救过来，是不是这个意思？

雷加：就是说，你掉到沟里去了，我把你抢救出来。你已经是汉奸特务，我把你抢救出来。我就这样被抢救了，不是吗？

刘甘栗：当时也没有结论？

雷加：当时没办法做结论，不能说你没有问题，也不能定这个性。因为没有旁证。但是基本上肯定我的材料，也就是我的交代，但是也不能做结论。当时在保安处时，他们认为我没有什么问题，我认为大概已经做了结论了。开始不便于追究工作的安排，哪里工作都可以。等到后来，我就想，是不是这个圈子太小啦？我就和地委提出来，说我是不是还是到乡里工作，地委同意了。当时我就选定离绥德20里路，在绥德和米脂之间的延家岔。延家岔也是个地主的村子，大概有一两个大地主，紧靠着个大川。我在那里做乡支部书记。既然是支部书记，我就还是共产党员吧？就等于我的问题吊在那里悬在那里了。我做乡支部书记时伊苇也调出来了，做教员。她到我那里去住了些日子。那时抗大分校有一个队就住在我们村子里。我那时主要是搞乡里的运动，搞减税减息。那时写的几个短篇，基本上是几个村子和面上跑的材料多一些。很快，"八一五"就来了，基本情况就是这样。等到"八一五"时，我才知道我的事情没有做结论。"八一五"以后，我想跟着队伍回东北。我是在地委大院里看见朱总司令向东北进军命令的布告的。同时听说组织东北干部队回东北。我和地委说，我要回东北。地委说，不行。人家已经组织了，已经出发了，你还得回延安去办手续。我说，那我就赶回延安去办手续。我坚持说我要走了，他们说你的结论还没做呢，简单地把审查的情况和我说了说。所以这个问题一直带着，等到1950年以后才正式通知我，做了没有问题的结论。第二天我走的那天，东北干部队已经从延安出发。他们一个单程，我用这一个单程的时间走了一个来回。从绥德赶到延安，在延安文协住了一晚；又到组织部去办了手续，赶回到绥德。同一天，东北干部队也到了绥德。

1942年3月，三个人一块儿下乡，以后到了米脂吴堡。8月份到了印斗乡进行乡选。1943年3月回到绥德，不在米脂一带转了。3月21日到了义合乡党家沟，当乡文书。1943年8月4日，调回绥德整风，经过一段学习，9月14日开了检举大会。到了年底12月22日就宣布释放，结束了关押，在保安处工作一年。我的一生中3月对我很重要。3月我从延安下乡的，3月回到绥德做支书的，当指导员。8月31日我请求跟着干部队走。保安处给我做了甄别结论。9月1日赶回延安，9月9日回来了，路上一个来回走了8天。回到绥德，编入东北干部队八中队，开始从绥德出发了。

刘甘栗：这就是你第一次被审查。

在工作与创作之间的选择

雷加：谈谈关于工作与创作的得失和对自己一生的评价。我对自己很难评价，因为有一段是在做实际工作。做实际工作和搞创作比较起来得失的看法，我不认为搞创作是失。因为在工厂工作那一段，基本还是在深入生活。虽然没有因为搞创作耽误工作，没有一心二用，但实际上还是在深入生活。后来到轻工业部工作那是不得已的事情，当时我不准备去，但是轻工业部一定要我去。当时如果不到轻工业部可能在工厂再干两年，写作计划酝酿成熟了，我就回到文化岗位。

新中国成立初期到轻工业部工作，开始和中央组织部谈的时候，说的就是干一年。实际上，我不应该和组织上讲价钱，这在当时是不符合对一个党员的要求的。是和帅孟奇（注：中央组织部副部长）大姐谈的。当时她笑了笑，可能是觉得我的出发点很单纯，也没有说什么。真正搞了一年，一年后就退了，到了文学研究所。开始就讲好了，不讲课，也不搞行政工作。那时康濯、马烽、田间都搞行政工作，分管各摊工作，管教学，管生活。他们也是勉为其难。田间是勉为其难，康濯是善于这个。当时那里还有严辰、周立波、碧野等人，在那种环境中能搞创作。为了练笔，写了《我们的节日》，然后就写了《潜力》三部曲。后来从三门峡回来，又回到轻工业部了，待了一年，又回到文化单位。至于为什么中间又回到轻工业部，去的原因是，始终想深入生活，在深入生活以后，能写什么，不能写什么，把握不定的时候，情绪就波动了。心里想，万一我写不出来或写不好，还不如回到实际工作中去，至少还可以做些工作。这种情绪波动好多次。第二次回到轻工业部，因为当时中国作协是不要人了，作家都到各省市去了，像赵树理到了山西，周立波、康濯到了湖南，马烽他们也到了山西，都回去了。回不到中国作协，怎么办？当时又不想到北京市（作协），不想到河北（作协），想试验一下，类似过渡，一方面搞创作，一方面搞实际工作，看行不行。可能是出于这种情况，五六十年代又回到轻工业部。在轻工业部，一年中后半年就请创作假，《从冰斗到大川》就是请假写的。当时是写一段，在《人民日报》上发一段，基本上都发了，大约有四五万字。

我在三门峡前后待了三年多。1957年以后，我的党的关系和工作关系都在三门峡。当时工资都是领100元，稿费做补贴。当时提倡作家不拿工资，但恐怕保证不了生活，所以每个人每月给100元，其余用稿费补充。这可能是作为当时考虑的作家都不要工资的一种过渡。在三门峡的后期，1958年至1959年遇到可以参加中科院科学考察队的机会，我赶紧回到北京，找到正在开会的邵荃麟，他这个人好就好在这里，他马上说，好，好，马上写信给有关部门联系，非常支持。在考察队半年，写出了《从冰斗到大川》的玉龙雪山部分。从三门峡，还去了克拉玛依。当时，康世恩在大会上讲话，下边都是工程技术人员。康的嗓门高得很，骂了这个骂那个。

后来考虑三门峡的东西还是要写出来，所以最终还是到了北京市（作协）。实际上，我不想到北京市，觉得环境不理想。中间有一阵，处于创作低潮，思前想后，想如写作不顺利，还不如搞个实际工作。先是有人联系要我去机械局，管拖拉机生产。后来又过了几年，我也曾找过吕东（注：老战友，长期任国家计委副主任），请他给找点实际工作，动摇了几次。内心是有矛盾的，在创作上感到没有把握的时候，就有动摇。曾经动摇过几次，患得患失。这个患得患失是考虑在文学上，能不能搞出名堂来。如果搞不出名堂，就不如去做实际工作。最理想的是，实际工作搞了，作品也写出来了，这样一生没有白过。我一直是处于这种状态，并不是像梁斌、孙犁那样，有个编制在那里，能写就写，不能写就待在家里。当然孙犁始终在写，但他的高潮过去了。

刘甘栗：你一直在搞实际工作和搞创作之间动摇，那你为什么没有想过在文艺岗位上做事情？

雷加：我很早就下决心不搞文艺行政工作，一是人事关系复杂，另外，我有那个精力，就不如搞实际工作。实际工作可以见效，走一步是一步。在中国作协当个秘书长，能搞出什么名堂？如果再进一步，或者搞个书记处副书记，又能搞出什么名堂？陷进去，做不出成绩来，浪费精力。我对这事一点兴趣都没有。

刘甘栗：这个想法是从什么时候开始的？

雷加：这个想法很早就有，一直就有。文抗搞秘书长搞了一段，后来吴伯箫接替我。那时无所谓，秘书长就是搞后勤，管生活，那时的行政工作很简单。后来不搞秘书长，就搞文艺小组委员会了，就是延安各机关跑跑，组织文艺小组联系联系，开开座谈会，并不妨碍我写作。那个时候延安的环境单纯得很，人又少，又单纯，没有这么多事情。

刘甘栗：你觉得搞文艺行政工作太复杂，浪费精力，没有多大实际意义。可是这是个有影响的位置啊。有的人没有太多文艺作品，但是由于在文艺行政岗位，比如刘白羽、林默涵就很有影响力。

雷加：刘白羽一直在写作，他主要还是文章出名，并不是靠行政工作出名。林默涵是搞理论的，是中宣部的。从新中国成立一开始就参加上层的事情，毛主席有事找周扬，周扬找林默涵，几个运动都是这么搞下来的。我搞不过林默涵，人家有理论基础。马烽是在山西搞了几十年，他有几个帮手，胡正、西戎、孙谦，那个圈子也不复杂，比较顺手，并没有妨碍他写作，那个环境容易搞。但是叫我去，也领那个头，就很难说了。怎么出头、出名？这个问题我倒没想过。要出头出名，我就在轻工业部一直搞下来。不过如果在轻工部搞到现在的话，最多也就是个副部长。

刘甘栗：那可不一定。

雷加：什么不一定？我自己知道！我对数字记不清。

我很早就有不从事文艺行政工作的思想。我一回东北，他们知道我回去，那时候广播电台需要人，江华、刘澜波准备让我过去。那当然是很重要的工作。白刃是后来去的。我知道这个消息后，坚决要求到工厂去，或者去农村。我在陕北农村待过几年。虽然打过游击，但还不是部队，我觉得自己不大适合去部队。后来去了工厂。苏联有许多写工业的书，觉得这是个方向。我去得虽然比较早，但也不算太早。安东纺织厂李志南、陶惕成已经占了一大片了。那一片占了这一片占了，就剩造纸厂这一片还没人去。我不了解情况，翻了翻电话号码本查了查，就向实业厅提出来去造纸厂。实业厅也需要人，他们向省委打了招呼，广播电台我就没有去。从这里就可以看出来，我不愿意做文艺行政工作，或是一般的行政工作。这也算个转折，假如我不到工厂去，到广播电台去，走的就将是另外一条路。基本思想那时就有了，不做一般行政工作，更不做文艺行政工作。工厂的几年生活，当然收获很大，不但搜集了文学素材，主要是受到了锻炼。怎么能够走群众路线？不依靠群众，就毫无办法。我先去了，最初是我一个人进去的。过了一两个月，你妈妈也从延安来了，一个工厂就我们两个从解放区来的人。在安东，这个厂子规模是挺大，但人并不多。有两台机器，原料进口。技术上也不懂，人也不认识，只能慢慢弄。从认识人，抓住骨干，由他们再逐步扩大，从技术上入手，做思想工作。撤退那一段，按道理讲，各个工厂的领导都有职务，他们都没有带人，物资和设备也带得很少。我组织三个造纸厂撤退，人和物资都带得很多。那个组织工作相当困难。又要开工，又要准备撤退一部分物资，又不能讲。还要先走一部分家属，又不能明着讲国民党要来。社会上传说国民党要来，各种舆论都有。最后怎么能说服干部带着家属走，当然还有一部分日本技术人员也要带走，对他们是带有些强制性的。只要工人、干部提出有困难，就可以不走。最后全家都跟着走的不少。所以那种工作是很锻炼人的。

刘甘栗：那个时候你就三十几岁吧？

雷加：对，我的失眠也是从那时候开始的。没有什么昼夜，连轴转。后来在长白山那一段我没去，在朝鲜新义州搞新兴公社，被拖住了。因为我们有一台造纸机拉到新义州，朝鲜人看见了，眼馋了，非要那台造纸机不行，我们就说，咱们合作吧，筹办个工厂。想用这台机器生产纸，我留在这里主要是这个目的。不然的话，我也去长白山了。刘国保去了，李志南去了，陶惕成也去了。那么多人，在山上七个月，虽然主要靠拉去的物资，吃穿也够了，但是还要供应部队啊，自己总得想办法自力更生。

刘甘栗：那假如不撤退呢？

雷加：怎么能不撤退呢？

刘甘栗：撤退为什么要把工人、家属都带走？

雷加：准备回去以后还要复工啊！那个时候的战略思想是这样的：让出地盘，主动转移，工厂撤退。第一步设想是认为敌人只能占安东，想主动放弃安东，在离安东不远的长甸河口搞个小根据地。这个战略目标小了。开始把物资都先运到那里。后来不行了，就继续撤退，撤退到长白山。既然要建立根据地，我们就先派人把住的房子都盖好了，准备安装机器，能生产就生产。所以就得争取人，尽可能多地带人走。另外要带走急需的物资，一是我要用，另外不能给敌人留下。当时的战争环境很复杂，是很锻炼人的。《潜力》三部曲主要是反映了（解放）战争的转折，撤退，它的主要价值就在这里。不论它的艺术性高低，别的写工业的作品就没有这个情节，因为它没有这个社会大背景。这部作品写了三代工人。其他的题材，像大庆、三门峡，写工人就写不了三代。也写不了工人怎么觉醒，从奴隶变为主人，变成管理工厂的干部。整个安东的撤退，那个场面是很大的。像吕其恩，原来是安东市市长，后来是哈尔滨市市长，他按照省委布置，坚持打游击。吕其恩带领一部分人在一个三角地带被敌人包围了，敌人一穿插，他毫无办法，损失很大，只好从鸭绿江下游过到朝鲜。刘澜波是在北边一点，带着队伍一直坚持下去。我们回来碰到他时，他的棉袄、军衣都是灰突突的。因为我们是路过，碰到以后，他就说你们回去首先要抓粮食。没有粮食，部队和老百姓都活不了。所以用各种办法抓粮食，或者搞盐，然后去农村换粮食。一个城市没有粮食不行。这些事情，在作品里没有充分反映出来。因为这一段工作经历，引出来上边要调我走，到中央轻工业部，当时是黄炎培点了我的名。我不想来，实在不行，我就讲价钱，我说我只干一年就走。我的指导思想一直认为在东北的工作是为了写作，是在深入生活。如果是工作，我还是愿意下去，在基层，不愿意浮在上面。

刘甘栗：那么咱们还是回到一开始的主题，你是不是一直在搞创作，还是搞实际工作中进行选择？你刚才说了，即使你搞实际工作，最后也不过是当个副部长。我倒不是完全这么想。因为很多人讲你是在做实际工作中很有能力的。像吕东，据说他原来也是学文学的，他不是在实际工作的岗位上搞了这么多年吗？

雷加：他搞这么多年，不过是个国家计委副主任。那我也搞不过他。人家搞经济建设工作是有经验的，脑子好，数字清楚。他开始在辽东财经办事处，后来到东北工业部，搞鞍钢，然后再上来。这些，我都比不过。我脑子里没那么多东西。我要搞，只能搞个文艺行政工作、思想政治工作，真正往经济工作中钻，还真是钻不进去。主要是数字记不了那么多。国务院找你去汇报，你既不能掏本，又不能搞个秘书在旁边。在轻工业部那一年，对造纸我熟悉，驾轻就熟无所谓的。我在工厂里基本上是搞工人运动，搞工会工作。我把工人发动起来就有办法了。接近工人，组织发动工人，我有办法。真正搞技术工作，我不行。那时的管理是一般的管理，在工厂，管理方面都是工人给我搞的。只要有个任务数字下来，他们就给我完成了。

刘甘栗：那实际上不存在选择问题。

雷加：我老是在考虑我这个文艺创作能不能搞下去，创作处于低潮时，我就考虑是不是搞点实际工作更好。

那天你谈到好像是我把几个运动都躲过去了。实际上不是这么回事。胡风问题以后，我急着要下去，那时有点躲的意思。实际上不完全是这样。胡风事件后，有点这个意思。既然把我解放了，我就赶快下吧！当时刘白羽主持中国作协工作。党组决定开展工作，成立创作工作委员会，就想留我在那里。他和我谈了两次话。第一次谈话我就说我不能留，我要下去，我的长篇也要写。他不同意，谈得有点翻了。后来，又过了一阵，就把我放了。

既然把我从胡风问题中解放了，我就要干自己的事了。整胡风问题的时候，我好像是在文学研究所，在中国作协没什么职务。当时临时通知去开会，开胡风的会。开着开着，哎，一下子突然点到我的名字了。我没有思想准备，完全不知道。我和胡风就是通过几封信。我们的关系就是他在编《七月》的时候，延安的人都互相传说，说胡风是鲁迅这一方面的人，在编《七月》，提携一些青年人，文艺思想也比较好。我们的一些稿子就送到他那里去了。我的那篇《黎明曲》，最初叫《她们这一群》就是发表在《七月》上。另外，还有几篇也在《七月》上发了。当然，他就知道我的名字了。当时互相之间有来往，延安也常派人到大后方去，刘白羽、何其芳他们可能都常到那里去。当然，他就会知道我的名字，知道我的一些情况。我在安东造纸厂的时候，当时的辽东，安东是个中转站，因为铁路不通，一般的新四军干部、山东干部凡是要到东北来的，都是走水路，从青岛、烟台到安东然后转车。当时时间充裕一点的，都要到工厂参观一下，我接待过好多人。另外一些人匆匆忙忙地路过就走了，从那里转脚，从东满再到北满，干部输送都是绕着走这个路子。胡风他们这一批也是走的这条路。从材料上看，解放战争期间，先是把大批人士转移到香港。然后，又组织这些民主人士离开香港回到大陆。东北根据地开辟了以后，就一批一批往那里转。胡风到了安东以后，和金肇野联系。金肇野过去是搞木刻的，和鲁迅通过两三次信，鲁迅书简里是有的。

胡风到了安东以后先找到金肇野，金肇野当时在省政府里的哪个厅工作。胡风就提出来有个雷加要见见。金肇野就打电话来，说胡风来了，想看看你。我说，好吧。我就用车去把他接来。胡风说他要在这里逗留几天。我说，你要是愿意住在工厂就住在这里吧。当时工厂里有几套日本式的小房子，腾出外边一套给他住，他住了十几天，参观工厂，有时参加一些会议。每顿饭给他准备两盘菜，买点酒。有时候，晚上谈谈。我说，你看我还有点存书呢。因为那时光华书店已经去了，买到了一部分书。那时我就把已经发表的《鳝鱼》给他看。他看了《鳝鱼》，很喜欢。他说，你这个文章写得好。这就是我们的关系。以后，他到东北哈尔滨活动，参加筹备文代会，后来到了北京。现在的材料才披露出来，在大后方和在筹备文代会的过程中对他的文艺思想都有过批判。我们现在才知道，过去没有去过大后方，不知道。他受过批判，工作问题就没有解决。这些，我都不知道。他到了北京，我还在工厂。后来我到北京工作了，他那时住在上海，他在写诗。他这个人，什么都行，诗也能写，报告文学也写，评论也写。他的诗，长的短的都有，非要我说好不行。我又不懂诗，又说不出来，只好哼哼唧唧地应付。我和胡风就是这样的关系，再没有了。也没有深谈过，文艺思想，我有我的路。他的文艺思想，他所受到的批判，我也没有参加过，他都不好和我讲，而且也不是几句话就可以讲清楚的。

1955年以后开胡风的会，叫我去参加会。我记得是从匈牙利捷克回来了，带回来一瓶扁瓶子酒。那个酒相当厉害，我一直放在那里。一开完批判会了，回来我就猛猛地喝几口。后来就提出问题了。提的问题也就是根据那几封信。可能是我写给胡风的信被他们拿走了。不然还有什么问题？会上也没提出什么其他问题。提出的问题就是胡风说我的《鳝鱼》好。马加还在那儿说：啊，我看《鳝鱼》就不好（哈哈哈）。丁玲的那句话我都忘了，她说，你怎么跑到胡风的怀抱里去啦？那时，邓力群老婆罗丽韵和何露两个女的，是积极分子，咋咋呼呼的。后来发生了田间的问题，像我这样材料不多的，也就解放了。田间和胡风的关系深多了，田间起来，可能是胡风首先发现的。田间除了这个问题以外，还有个子弹的问题。那时，我们都有枪。他的枪有几发子弹，但是子弹的数目不对了。原来五粒，现在只剩了四粒、三粒了，交代不了啊。那时，什么屁大的问题都是问题，这怎么办呢？交代不过去啊！也不晓得自杀是真的还是假的，因为他就住在后海北边，出了门，他就一直往海里走。实际上也淹不死，人家就把他弄上来了。这事情就闹大了。中央宣传部觉得这事不能再扩大了。

刘甘栗：这不是网开一面吗？还比较宽容。从另一个角度也可以讲，也可以说田间你负隅顽抗。

雷加：那就是这样。另一方面觉得，田间的诗的地位在那里。这是你的人，你的队伍啊！轻易把他搞掉了，好吗？假设不是这样，可能就把他搞掉了。搞掉很容易啊，大权在谁？现在看起来，毛主席点头不点头，毛下边就是陆定一、周扬。周扬布置工作就得找林默涵、刘白羽。就是这么下来的。所以刘白羽、林默涵为什么陷得那么深？他没办法。周扬他是秉承毛主席意志来的。你能说，我不干？所以现在很多人说林默涵打了多少人，刘白羽打了多少人，他们有口也难说。我看，他们基本上还算好的。当然，底下的事他就管不了了。底下的情况，比如反右，无缘无故或很小的事情，打一辈子，这样的事多得很。那时，把我就是这样开脱了。我就提出，工厂我干了几年，我有长篇要写，我还要补充材料，所以不能担任中国作协的工作，我要下去。

刘甘栗：开脱了以后就要求你留在创委会？要你负责这个创委会，是刘白羽和你谈的？

雷加：对。以后我就到三门峡去了。

刘甘栗：这个过程是这样的。但是你思想上是怎么经历的？

雷加：我的思想就是如果搞了文艺行政工作，我就创作不了了，就没有时间了。刘白羽提出可以轮换等，我也不同意。一个是长篇写不了，同时，我就在想，我的长篇写完以后我该怎么办？不然我为什么要找到三门峡呢？当时想，三门峡是个新的工程，我这个长篇写完了，就可以写三门峡了。三门峡写了以后，我一面写，一面找新的根据地。当时的思想就是这样的思想。

刘甘栗：我还是想问一下，在整胡风的整个过程中，把你捎带上了，那时候，你是怎么想的？有什么更坏的打算没有？

雷加：什么怎么想的？我毫无办法！那我只能等着，要斗就斗，要批判就批判，最后怎么结论就怎么结论。压力是有，但是我没有什么问题啊！延安整风我都挺过来了，还能怎么样？另外，对文件上说他们弄了许多代号等等，我当时也觉得纳闷。

刘甘栗：在重庆、香港受过批判后一直不满意，思想上可能也有些极端的东西。

雷加：而且，对文艺政策有意见，对周扬也有意见。

刘甘栗：实际上，也是一步一步把他逼到了这条路。解放了你也没有一种如释重负的感觉？

雷加：那当然有了。不然的话，我就被揪在那里。

下边就和丁陈的事情联上了。我并没有预见到后来还会有丁陈的问题。

刘甘栗：丁陈问题是从哪年开始的？怎么就把他们弄出来啦？丁玲和陈企霞是什么关系？

雷加：我也说不清楚。在延安的时候，陈企霞也在延安，后来大概都在编《文艺报》吧？

刘甘栗：你都不知道他们当时主要是什么问题，当时打得面不太大吧？

雷加：我都没有参加，所以我也不太清楚，只知道说他们反党。打的面没有胡风大。

刘甘栗：你知道受牵连都有谁？假如你不走，你就可能进去了。

雷加：对，不走可能就牵连进去了。但是我并不是因为这个才下决心下去的。我还是坚持我自己的路子。既然下去了，和这件事就没有关系了。

选自刘甘栗编著《雷加文学谈话》，北京时代华文书局，2014年10月

李辉英先生谈生活与创作经验

张双庆

问：李先生，您有一段时间没有发表新作品了，最近在《海洋文艺》上又看到您的新作品，感到很高兴，想多知道一点您的情况，您可不可以谈一谈您是在什么条件下开始写作的呢？是否一开始便立志做一个作家呢？

答：我是在1931年九一八事变以后，因为愤慨于一夜之间，失去了沈阳、长春两城，以及不旋踵间，又失去整个东北四省的大片土地和三千万人民被奴役的亡国亡省痛心情况下起而执笔为文的。手无寸铁，很难做出收复失地、誓雪国耻的工作。寄希望于笔扫妖氛，乃是报国复土最低限度的要求。我这样做了，却并非出于立志想做一个作家。

问：可不可以谈您最初从事写作的经过呢？

答：如果以成本的单行本计算，我的处女作应该是《万宝山》，如以单篇作品论，则是《最后一课》，得先从丁玲主编的《北斗》月刊说起。原来《北斗》创刊以后，我一阵心血来潮，把新写的一个短篇作为投稿，寄给了“北斗月刊社”去，初学乍练，写得不好自然不在话下，连自己也没有信心。却又偏偏抱有一种侥幸的心理，希望能够碰碰运气，大抵每个初学投稿的人都是这样心境的吧。

稿子题名“最后一课”，写的是“九一八”后东北某省城女中学生受到日军侮辱的故事，其中强调亡国奴们除了坚决反抗敌人外，别无其他途径可以苟安求活的，大约也多少受了都德的《最后一课》的影响，所以连题目都借用过来了。那个省城实在就是吉林省城，以前的老名字叫船厂，其后改成了吉林市。稿子完全出乎意料，居然在《北斗》月刊上登载出来，这对我说却是颇为不小的鼓励。大抵我其后的走上文学写作的道路，和这篇作品的发表也是分不开的，因为这样一来，仿佛我已敲开了写作的大门，人也就此增加了写作的信心。这以前，我也曾向别的大杂志投过稿，结果多如石沉大海，有去无回，已经挫败了我的写作勇气。

《最后一课》在《北斗》月刊上发表之后，大约还不到半月的光景，编者写信来邀约茶叙，这对我说该是一件大事，因为丁玲女士那时正是顶顶尖儿的女作家，能够和她见面，真的非同小可。在我也正是个求之不得的机会呢。我自然不敢怠慢，按时赴约，到达了定好的地方，经过介绍认识了艾芜、沙汀和穆木天等。前两者也都在开始走到写作的道路上来，后者则是我的同乡长辈，虽早闻名却一直不曾识面。艾芜显然大我六七岁的样子，高身材，两眼有神，和蔼可亲。沙汀和我的身材有同样的高度，可能大我一两岁的样子，他们说的四川话我觉得很有味儿。记得那时沙汀自印而由上海辛垦书店发行的短篇集《法律外的航线》已在市上发售了。

这一次的茶叙，认识了新朋友，请益于老作家，其间交换了些创作的问题，使自己由此增强了创作信心而愿作为终身的职业了。那时候的双重国难——“九一八”和“一·二八”激发起每一正义青年的同仇敌忾心，特别是我自己，由于故乡沦入敌手，那种悲愤凄怆的情绪，几时停止过激情的波动？与敌人誓不两立的决心，使我更易于把文学写作作为武器而来面向敌人反抗到底了。这也该是我走上文学写作的另一个重要的因素。又过了不久，丁玲女士写信来，问我是否可以写个长篇，用东北作为背景，来表现反日的主题的。看了这封来信后，实在比《最后一课》的发表更为振奋。因为在这以前，只是在一些文坛消息里，看见别人记载着某某名作家接受某杂志或是某书店的邀约，不是写一部创作，就是译一部名著那类消息，自己这样毛手毛脚初出道的青年习作者，哪里会有那般被约的机会呢？但事实毕竟是事实，求之不得的机缘既然来到了，我自然欣喜地接受下来。不过自己的信心不强又是真的，回信时只是说先来试试看，试得成便交卷，试不成作罢。说尽管这么说，又哪有写不成的道理？那时写作的勇气可大着呢，只要有人试，绝没有打退堂鼓的一说，现在回想起来，还觉得很好笑呢。

平心而论，叫我写个短篇，那时还勉强可以凑合一下，说到叫我写长篇，可就真不那么简单了。但我既已答应了试试，总得快些着手才是正理。于是我便开始搜寻材料，增增减减，写写改改，两个半月之后果然交了卷。对于全稿的怎样布局，怎样取材，怎样表现主题，怎样达到了艺术成就，我当真是油梭子发白短炼着呢。交卷的时候，我附上了一封信，诚诚恳恳希望编者赐以大力的修改，能用便用，不能用退回。编者大约也改了不少，其奈我的原作基础太差何！

一月的日子，很快地过去了，当我逐渐把这件事情忘怀了时，忽然之间湖风书局来了信，通知我去领取《万宝山》的稿费，也就是说我的这部长篇可以付排了。事情却又来得这么容易，心理上的矛盾，马上有了激烈的反应，那就是我一边固然盼望作品的早日面世，从而引起外界的注意，一边却又当真地生发了一种丑媳妇见公婆面的感觉。

问：您满意上述的两个作品吗？

答：不。《最后一课》实在是《最“早”一课》，从题目和内文都经过编者的修改。至于《万宝山》，因为过于追求宣传的效果，把中篇的题材敷衍成长篇小说，结构上有如豆腐账，干燥无味，艺术技巧也嫌不足，所以自己也不满意。记得当时用东方未明为笔名的茅盾，便在《文学月刊》的书评栏中做了尖锐的批评。

问：《最后一课》《万宝山》和您的其他作品，大都是抗战为背景的，可否谈谈您生长的时代、地点和家庭、对您的写作有什么影响呢？

答：我出生于1911年，地点是边远的省份吉林的农村一个大家庭中，一家大小40多人，祖父为一家之长，有无上的权威，家庭成员钩心斗角，迄无宁日，揭露内中的黑暗，自然在他日走上写作道路时易于发生重大的影响。封建的大家庭，有如巴金的《家》一样，哪里有什么家庭幸福可讲？不过比起亡国之痛，那又算不了什么了。所以我的作品，大多以抗战作为题材。例如我的《松花江上》，除了表达了我的反侵略的责任还可以说是希望尚未沦陷地区的同胞们，看看我们沦陷了8年的东北大地上，那些朴实的人民如何组成了武装力量在和敌人展开了一场你死我活的斗争，从而增强了尚未沦陷区军民的反抗暴敌的决心，如果你说文学写作可能沾染了某种功利的话，我可以说这就是我写作《松花江上》功利的所在。你简直不知每当我听到青年男女唱起《流亡三部曲》（包括《松花江上》这第一部曲在内）时，我的心情会激动到什么地步，而那种热血沸腾的情形，真不知如何处置自己才是呢。当自己也是《流亡三部曲》歌唱者中的一员时，你一看见我唱得珠泪滂沱的样子，也就不难理解一个亡国奴的心情如何沉痛，又如何愤慨了。这是时代对我的作品产生的最大的影响。

问：您上面提到，文学写作可能带着某种功利，那么您认为小说对社会起着什么作用呢？

答：我认为小说对于社会最低限度也起教育的作用。它不但反映社会现实，也可以转移社会风气。领导社会，订正社会，作用大得很。

问：这么说，您认为作家应该是社会的改革家，而不仅是一个观察家？

答：是的，如果一定要我选择一个项目的话，我认为一位作家，成为社会的改革家胜过社会的观察家，一想到社会的观察家，极易使人联想起客观的报道一类的说法，仅只引起消极的作用，作为一位作家而是社会的改革家，他自然会表达积极的主题，为改革社会而多做努力。所以我认为文学作品反映人生，是最低限度的要求，如果能在解释人生方面多做功夫，便可加强作品的深度，进而改革社会。

问：文学作品和社会人生的关系既然是这样密切，请您谈谈您对作家体验生活、深入生活的问题。

答：谈到体验生活，言人人殊，但对于一位文艺写作者说，确是一件重要的工作。有人问你："写什么？"你自然可以回答："写生活。"生活宛如海洋，不见边沿，难免产生不知从何处动手的感觉。倘若生活丰富，不但写作时胜任愉快，于择取题材时也极方便。体验生活，使你入世后增广见闻，仿佛携带了一面照妖镜，妖精们在照妖镜前先后显了原形，使你取得真实的体会。这总比你对于生活一无所知，贸然动笔好得多。写妓女要先去当妓女的说法过于机械，也为我们所不取。

问：您同意把真人真事写进小说吗？您的作品有多少自传的成分呢？

答：作品中的人物有自己在内，应该不是奇事。作品中有多少自传性质，很难用数字做出具体的说明。郁达夫在他所写的《创作生活的回顾》一文里说过这样的话："我觉得文学作品，都是作家的自叙传。"这句话，是千真万确的。又说："客观的态度，客观的描写，无论你客观到怎样一个地步，若真的纯客观的态度，纯客观的描写，是可能的话，那艺术家的才气可以不要，艺术家存在的理由，也就消减了。"篇篇客观，件件一样，艺术加工又有什么用？

至于真人真事是能够写进小说里的，但小说并不等于真人真事。人物的刻画，故事情节的发展，都要你亲自动手去剪裁和安排，假的像真的，是你写作上的成功，真人真事由于处理不当，令读者失去真实感，那便是写作上的失败。艺术上的加工，因而是写作上重要的一环，这说法有道理吗？

问：您认为在写作小说时，构思、技巧和风格三样东西，哪一种最重要？

答：三种东西——构思，技巧，风格，什么是写作最重要的呢？我以为与其把它们分开来谈，毋宁正是合在一起的好。就写作本身讲，先经过构思（打腹稿）阶段，然后执笔为文，表现的是你的技巧，也由此表现了你独特的风格，这样说对不对？

问：您写作时，是一开始就有完整的构思呢，还是一面写一面发展？构思时间一般有多长？会不会在写作中改变原来的计划呢？

答：大体上说，思考（打腹稿）的时间，常常比写作时间多，写出来后，先整篇地看一遍，看看有无上下不衔接或前后重复的地方，然后再逐段地修改，修改的地方多，哪怕整篇重抄一遍，也在所不惜。

初学习作时，拿起笔来就写，思考的时间少，影响结构的松散，是极自然的道路。后来写得多了，才领悟了打腹稿的重要。一般情况多在计划好的纲要之类的范围内发挥，差不大格，但也有在写作中发生新的情况，那就很可能超出了计划的范围，加进新的情节去，或因此而增增删删，在所不免。这类情形所占比例有时相当大。

问：在写作过程中，您最常遇到的困难是什么？

答：可以分为两点说明：一、时时刻刻感受语汇的贫乏，写来写去老是那么几个词，确有词不达意的情况。二、临时发生新的感受须与腹稿做大幅度修改时，常常感到某些困难，打乱了腹稿的原定程序也是有的。

问：您对自己的写作技巧、风格有什么看法？

答：自己的写作技巧，老也没有进步，没有办法，是修养方面的欠缺，还有待多多的努力才行。活到老，学到老，我迄今仍在写作技巧上，希望能够百尺竿头，再进一步，但这一步，相当的困难！加以自己的天分很差，这也影响到灵活的运用。至于个人风格更加谈不上。

问：李先生，您真谦虚。以这样的态度，一定能和文学批评家、出版社编辑融洽相处了。

答：是的，文艺批评对于文艺作品是需要的，批评得再离题太远，也自然有的地方可供你的参考。过去有的作家抱怨文艺批评家不识文艺写作，胡乱放炮，非但不能促成文艺创作的进步，反而成了绊脚石，那是强人所难的。我自己的看法是，可以接受公正的批评，也可以因批评而加以修改自己的作品。至于出版社的编辑改改我的稿件，我也是乐于接受的。

问：谈起出版，我想知道您对书籍装帧的意见，您愿意在您的作品中加插图吗？

答：这一方面，我是最大的外行，没有什么意见。我想，一般书籍仍当使用精装和洋装，但一定要穿线订装。至于插图，我不但希望自己的作品中加上插图，也希望别人的作品一样的有插图。像《大唐西域记》这本书没有一幅插图，看起来总觉得有些遗憾；相反地，斯文·哈定的《中国内陆旅行记》那本厚书，虽稍为枯燥些，因为配了些插图，读时有趣多了。

问：李先生，我想问一些较为个人的问题，例如您最喜欢哪一本外国作品？哪一个作家对您的影响最大？

答：我很喜欢看书，文史作品看得多些，其次是社会科学书籍。我最爱看的外国作品是屠格涅夫的六大名著，尤其是《罗亭》，至今仍是我喜欢读的小说，所以在初学写作时，屠格涅夫对我有些不大不小的影响。至于中国作家方面，则首推鲁迅和叶绍钧。

问：您用的是真名还是笔名呢？

答：用的是笔名，而且先后用了不少不同的笔名，这恐怕是为了方便的缘故。

问：您写作的习惯怎样？

答：执笔写作，已是多年的事，却从未养成特殊的习惯。最初喜欢吸烟，后来戒了，也未找寻其他的代用品，如饮酒、饮咖啡等。至于写作时间，我多半在晨早，怕晨早起不来，宁愿提早睡。遇到上早班，那便例外了。

问：在您众多的作品中，您认为哪一部是最好的呢？

答：请容我说句罕有的广告宣传：我没有写过一本好书，最好的一本，自然也就更不存在了。打个譬喻，我不过是位文艺园地中辛勤工作近40年的园丁，工作虽辛勤，却未必有着令人满意的收获。最近在报上看到巴金写的《随想录》，提到他很赞成老舍自称为“写家”，而不是作家或小说家，我想这个称呼对我更加合适。

问：请问李先生最近有什么写作计划？

答：具体的写作计划还没有，却乐得整理一点旧稿，看看有无出版社乐于接印。海洋文艺丛书中的《名流》，就是其中的一本。自从1975年中大退休后，一直在生病，养病中兜圈子，很影响写作，看来只有赶走病魔才有得商量，否则一旦为病魔所困扰，还有什么好说的？

载《开卷》1979年第6期

访塞克

王　雪

在那葡萄藤拱出了绿茸茸的小包，金银藤爆满了一簇簇嫩叶的初春时节，我走进北京东城区一个普通的庭院，在一间简朴的北屋里，见到了久思拜访的老一辈歌词作家塞克同志。

虽然是73岁满头银发的老人了，但是塞克同志谈起话来仍然是那样激昂慷慨。当他回忆起自己的战斗经历和创作生活时，他时而愤懑，时而沉思，时而欢畅地笑起来，时而又流露出深情的遗憾。我感到，在他那宽厚的胸膛里，从来没有平息过汹涌的波澜。

那是第二次直奉战争前夜的1922年，17岁的陈凝秋（抗战前塞克一直用这个名字）离开故乡河北省霸县，到了东北。九一八事变前，陈凝秋曾在哈尔滨办报纸，写诗。他的诗作受着苏联革命诗人马雅可夫斯基的影响。同时，他还搜集了许多俄罗斯民歌。

1926年春，陈凝秋写了一篇欢迎北伐军的文章登在报纸上。有人将标题圈起来把报纸送到了公安局。年轻的作者被捕了，报馆的总编辑和经理也同时被捕，报纸被迫停刊。陈凝秋在监狱里被囚禁了三个月，出狱后，他失业了。

1927年上海，一片白色恐怖，到处在抓共产党，见到可疑的人就抓。这时，街上却走来了一个穿列宁衫（纽扣上还有着镰刀斧头图案）的年轻人，这就是陈凝秋。他进了上海艺术大学文学系，读着高尔基的著作。在上海，他出版了第一本诗集《追寻》。

1928年南国社演出田汉的话剧《南归》，话剧的主题歌《南归》由陈凝秋作词并演唱，张曙作曲，由刚从岭南到达上海的冼星海拉小提琴伴奏。这是年轻的塞克和星海的第一次会面。

对十月革命怀着向往之情的陈凝秋，很久以来就想到苏联去学文学。1929年，他从上海到了北方，一个人秘密地走到满洲里。但是他没有护照，整天望着一列列开往苏联的国际列车呼啸而去。没有工作，没有饭吃，只身一人举目无亲。零下40摄氏度的严寒里，他盲目地奔走，在夜晚12点的路灯下独自徘徊。没有炉火取暖，他钻进被子又写起诗来。写完之后，自己觉得仍然是老调子，便撕掉了。于是，他停止了写诗、演戏和画画。这个“停止”，是他对自己的否定，也是对当时文艺界一些现象的否定。他渴望着突破。

九一八事变后，陈凝秋想去苏联寻求救国真理的愿望更加迫切。由哈尔滨地下党宣传部姜椿芳同志介绍，他随着难民车到了边境。当他从裤脚里掏出另一封介绍信给伯力红军边防站时，被边防军当作越境的国际间谍关起来了。像一头受了伤的小狮子，陈凝秋憋了一肚子气：我抱着崇高的理想，命都拼上了，有这么蠢的间谍吗？关了整整一个冬天，他又被送回东北。

牡丹江的山沟里，一个孤单的影子在移动着。陈凝秋一路走一路要着饭，心中很是伤感，有时甚至想到死。他想：我不怕死。但要让别人知道我为何而死；死不是最大的悲哀，悲哀的是别人不懂得自己怀抱什么样的理想！不甘心啊，不甘心！忽然，陈凝秋遇到了几个在东北义勇军中的当年的老朋友。“走！”陈凝秋参加了义勇军。半年多的时间里，打仗，跑敌情，眼前到处是日本侵略者烧杀抢掠的惨景：树上吊着死人，汉奸的箩筐里挑着被害者的头颅……

经过一番挫折与磨难，1933年春，陈凝秋回到了上海。十里洋场，花花世界，很多人还是庸庸碌碌地过日子。这与灾难中的东北是多么不调和！要把“九一八”以来的真实情况告诉上海人！陈凝秋酝酿了很久，1934年，他写了话剧剧本和同名的主题歌《流民三千万》，第一次用了“塞克”的笔名。第二年，1935年，星海谱成了歌曲，用的是笔名“先力”。《流民三千万》是早期的救亡歌曲之一。

塞克同志回忆到这里，吁了一口气，说：“这时，创作的调子变了，自己也不觉地变了！”他用那苍劲微带颤抖的男中音诵唱着：

…………

我们是黑水边的流亡者，

我们是铁狱里的归来人！

…………

青天，已被罪恶的血手撕裂，

长空，飞闪着血雨腥风！

…………

我回味星海同志那沉痛的曲调和这一句句悲壮的歌词，这不是写出来的，这是作者多年来生活的凝聚与迸发！是血与泪的控诉！

“《满洲囚徒进行曲》也是话剧《流民三千万》里的插曲，这是同时写的吗？”我问。

“不是。”塞克同志说，“那是后来在延安，修改剧本时补写的，但词的内容仍是重现北满原野上的情景：烈日炙烤之下，一队囚徒，锁骨被铁丝穿着，连成一串，被日本侵略军押着，镣铐叮当，衔着仇恨，一步一步走在滴血路上……这首歌，星海谱得是很深沉，很悲愤的，感情分量是很重的。延安鲁艺音乐系三期的同学，在毕业音乐会上曾唱了这首合唱曲。”

在《流民三千万》之后，塞克同志写了《心头恨》，这就是大家熟悉的“种子下地会发芽，仇恨入心也生根……”塞克同志说：“情绪是无形的，要通过文学形象把这情绪写出来。这首歌不同于其他，星海的音乐是‘劲在心里头’的。”是的，如果不是久蓄在诗人心底的火，如果不是生根在诗人心底的芽，绝然吐不出那样的句子来的。

我请塞克同志再谈谈《救国军歌》的创作情况。

"那是1935年的春末夏初的日子。"塞克又回忆起那在黑暗中战取光明的情景，"在上海，没有工作，没有饭吃，我躺在床板翻来覆去睡不着，往事历历涌上心头。人民群众一致反对日本帝国主义的侵略，对国民党的不抵抗主义严重不满，可是爱国有罪，抗日有罪！想到这里'救中国'的呼声涌到了嘴边，于是写成了《救国军歌》。歌词给了星海，处在爱国救亡高涨情绪中的星海，倚墙沉思，一根烟没有吸完的工夫，曲子谱好了。然后，由周巍峙同志第一个拿到群众中去教唱。

"星海自己也去教唱。有一个夜晚，九十点钟了，我和星海从新安旅行团回来，星海仿佛还在指挥大家唱歌，他走在马路上，挥舞着两臂，口中哼着：'枪口对外，齐步前进！'他那步子，他那神气，给我的印象很深，他唱的节奏，不像现在演出时那么急促，而是一下，一下，正步走的速度，就像端着上了刺刀的枪，一步一步向敌人逼近。唱得如果太快太轻，那种气氛出不来。"

听着塞克同志的回忆，我耳边响起了《救国军歌》那雄壮的曲调和铿锵的节奏，眼前好像出现了一队又一队英武坚定、一往无前的抗日队伍的形象。《救国军歌》产生的时候，红军正在路上，具有伟大历史意义的遵义会议召开了，毛主席提出了北上抗日的主张，歌曲和当时的形势、任务吻合了。红军被蒋介石的军队围追堵截，红军战士唱着《救国军歌》，使得蒋军士兵掉转了枪口；一二·九学生运动中，青年们高唱着《救国军歌》迎着刀枪与水龙前进；西安事变时，爱国群众唱着这支歌臂挽着臂示威游行；甚至白区的士兵也唱这段歌（据说蒋军中有人照原词的节奏填了意思完全相反的词，进行自我讽刺："枪口对内，齐步后退，专伤老百姓，专打自己人，我们是豆腐队伍；我们没良心……"可见此歌影响之一斑）。

《救国军歌》唱的是党的主张、党的号召。但歌词不是直接唱宣言，唱文件上的话。表面看歌词像是口号，但它不是简单的政治口号，它是有形象的，是表达了典型情绪的。

《救国军歌》与《流民三千万》，划开了塞克歌词创作的两个阶段。前一阶段，诗人心里、眼里充满了血雨腥风。到了《救国军歌》，诗人心胸开朗，他坚定地喊出："维护中华民族，永做自由人！"在反动政治的低气压下，《救国军歌》像锐利的闪电划破了沉沉的夜空。

"是啊！"塞克同志说，"那时，想写什么，就写了，想喊什么，就喊出来了。写对了，喊对了，人民接受了，唱了，就起了作用。"

塞克望着案头周总理的相片，说："周总理对《救国军歌》是有感情的，很熟悉。在武汉十几万人歌咏大游行时，周总理在指挥船上亲自带领大家唱这首歌。"他想起"四人帮"统治时篡改十首革命历史歌曲，非常气愤地说："《救国军歌》就是被江青篡改的第一首歌！歌曲产生在蒋介石对救亡运动压迫最厉害的时候，那时怎么可能公开高唱'跟着毛主席'呢！历史能够改变吗？糟蹋革命历史歌曲，只能说是江青在为蒋介石开脱罪行！"

抗战开始后，塞克写了《保卫卢沟桥》《全面抗战》《赴战曲》等歌词。他清楚地记得，那天，他们正在上海卡尔登剧院看话剧《原野》，听到卢沟桥打响战斗的消息，难言的振奋使塞克的脑子里嘣的一下，跳出了两个句子：

敌人从哪里来，就把他打回哪里去！

敌人从哪里进攻，就把他消灭在哪里！

"可以这样讲。"塞克感慨地说，"没有'九一八'，就没有新的我，没有伟大的抗战，我就写不出那样的歌词来。"他的话言简意深：战斗的环境培养战斗的诗人，战斗的诗人才能写出战斗的诗篇。要写出有血有肉的文字，先得要有有血有肉的生活。

在上海，塞克还写了很多歌词：《苦命人》《跑关东》《谁来跟我玩》《抗战教育》、话剧《太平天国》插曲《炭夫曲》和《打江山》《抬土歌》《耕农歌》等。

经过一段抗日救亡宣传工作，1938年10月，塞克从山西战地服务团到了延安。延安的山川，延安的生活，使塞克创作获得了新的内容，新的情调。除了补写《满洲囚徒进行曲》，他在延安写了《生产大合唱》《秋收突击》《三八妇女节歌》，三幕歌剧《滏阳河》。在这之前，在西安写了《东北救亡总会会歌》。

《生产大合唱》中的《二月里来》，像一颗永远闪亮的珍珠，人民唱了40年，到今天对它仍然由衷地喜爱。它的艺术生命力为什么这样持久？奥妙在哪里？

“星海这支曲子是写得极其成功的，它光辉而又朴素，深情而又明朗，寓力量于委婉的旋律之内，寓挚切的愿望于娓娓的叙说之中。”塞克赞美着星海的不朽之作。对于歌词呢，他只说了一句，“那不过是像有人所品评的‘用口语入词’而已。”

“不过，这口语入词的‘入’上面是有学问的啊，有的‘入’得妙，有的‘入’得不妙。”我仍然希望塞克同志谈谈他的看法。

“我认为，歌是诉诸听觉的，这就要求歌词首先让人听着很清楚。诗是纸面上的，当然有时也朗诵。歌却要人唱，要人听，而且有很强的时间性。看不清楚的诗，可以从容地再看一遍，而歌曲，听不清就过去了，不可能加小注，也不可能都再来一遍。所以，歌词除了其他条件，要一听就很明确，不能含糊，不能可以这样解释。也不可以那样解释。如果听不清，群众就会觉得‘你在那里嚷嚷什么呢’？因此，谱曲的任务，先要使人把词听个明白，然后再通过音乐渲染、发挥、加强歌词的情绪。

“《二月里来》的词中，我只是写了人民的喜悦和乐观。人民拥护毛主席的主张，全体投入了大生产运动。歌词抒发的是人民发自内心的朴素的感情，‘种瓜的得瓜，种豆的收豆，谁种下仇恨他自己遭殃！'这是对日本帝国主义和国民党反动派说话：'你不要种下仇恨啊！'这样的词，老百姓一听都懂得，边区的妇女儿童随口就唱，无论是烧火加炭，做活纺线，随时在唱，歌曲浸入了他们的生活……"

歌曲浸入了人民的生活！是的，《二月里来》的词没有讲什么大道理，但它也不是口语原形，口语在这里得到提炼、提高，被赋予了新的内容，它便具有了很大的含量，很大的概括力。这是作者善于积累、巧于运用而获得的"艺术折射"的巨大效果。

"《酸枣刺》又是怎么写成的呢？"

"啊，那是我在山西刘村镇时，看见镇上的孩子们打花鼓，打鼓的节奏给我留下了特有的深刻的印象。《酸枣刺》歌词写出后，我向星海介绍了打花鼓的印象，星海的旋律马上就出来了，那节奏多么活泼，那曲调真是百唱不厌啊！"塞克同志沉湎在喜悦的回忆里了，"可是，不知道为什么，有人又把'打得小鬼儿两头忙'改成'打得敌人两头忙'，这是对人民的不理解，'小鬼儿'既包含了对敌人的蔑视，也表达了乐观的情绪和必胜的信心。"塞克停了一停，"还有人提问说：'为什么《生产大合唱》不歌唱毛主席？'难道歌颂人民和歌颂领袖、歌颂党是矛盾的吗？不应该是矛盾的，相反，歌颂了智慧的人民，胜利的人民，就是歌颂了党领导的正确和领袖的英明。"

"听说，您在延安时，讲过关于歌词创作的基本原则的问题？"

"那大约是1939年或1940年之间，一个春天，在王家坪的树林里，在一棵大梨树下面讲的。讲了七点意见：（一）歌词的政治生命与强烈的时代色彩。（二）学习民间的语言。（三）要顾到语言习惯。（四）遵从节奏的规律性。（五）词性，词的风格与色彩。（六）怎样克服一般化。（七）口号与政治术语问题。"

新音乐运动以来，特别是抗战歌曲创作中，形成了词、曲作者合作的几对典范：田汉与聂耳，塞克与星海，光未然与星海，还有安娥与任光等。当然他们几位之间的合作，也有交织，并非永远固定。但比较来说，这几对合作是持久的、多量的，更可以说是知心的、难得的，正因为是知心的、难得的合作，所以他们的作品，在现代声乐创作中放出了异彩。

我请塞克同志谈谈他与星海合作的情况。

“我们的合作不是偶然的。”塞克深有感触地回忆着，“星海幼年很穷，跟着妈妈撑船度日。长大了是个穷学生，到过南洋，又到法国，半工半读做杂役，受尽了民族歧视和阶级压迫，他，是憋了一肚子气的。我呢，1929年离上海想去苏联，碰了个大钉子。日本帝国主义者的凌辱，国民党的迫害，生活的熬煎，我也是憋了一肚子的气啊！从个人命运来说，我们都是最倒霉的，而民族的命运，国家的存亡这是最大的问题。在人生的道路上，可以说得到了一个宝贵的经验教训：‘没有倒霉，成就不了你这个人！’从反面来看，倒霉正是优待。苦难带给我们磨炼与觉醒。没有这些，我们是写不出那样的歌词和音乐来的。

“而星海的作曲，从词作者的角度看，星海懂得歌词的含义，他理解为什么词作者要这样写，为什么要用这个词语，为什么词作者一定要这样表达，星海拿到歌词，总是先研究、体味歌词的内涵，掌握歌词的精神和情感，挖掘歌词提供的形象基础。然后，开始为‘这一首’词来谱曲。他对自己永远是没有框子、套子的。他总是根据新的词，创造新的音乐，进行新的探索和实践，因而他能写出众多的但绝不雷同的、符合歌词个性又有特性的曲调来。

“至于星海有些作品构思、形成之快，正是周总理说的‘积累千日，偶然得之’这一艺术创作规律的例证。同时也说明星海和词作者之间有很深的默契。因此星海的‘快’绝不能成为粗制滥造者的护身符。”

老一辈合作的经验是宝贵的，它不是可以使今天的词、曲作者从中汲取丰富的营养，经过自己长期、刻苦的实践，去建树新的合作的典范吗？

“星海去苏联，我们是多么舍不得他走啊！我们天天盼着他回来，但是他终于没有能够回到祖国，在壮年时过早地离开了我们……”塞克同志望着他桌上玻璃板下面端放着的星海肖像，“太可惜了！星海把全部作品托人带回来交给了党，三幕歌剧《滏阳河》据说已全部谱好，但我还从未见过那乐谱呢！我觉得，星海的很多作品，还没有为今天的人很好地理解，很深刻地表达出来，我希望在今后的音乐会上能演唱更多星海的作品。

“1946年在佳木斯，我写了一首《星海挽歌》，作为老友对他的深深的、遥远的怀念……”

访问暂时告一段落，笔者告辞了“豆棚瓜架老塞家”，我握着塞克同志的大手，向他，这位燕赵青年——亡命囚徒——抗战歌手，致以衷心的感谢！

载《人民音乐》1979年第10期